新时代

坚持和完善社会主义基本经济制度的四川实践研究

冯梦黎　主编

中央党校出版集团

国家行政学院出版社

NATIONAL ACADEMY OF GOVERNANCE PRESS

图书在版编目（CIP）数据

新时代坚持和完善社会主义基本经济制度的四川
实践研究／冯梦黎主编 . —北京：国家行政学院出版
社，2023.9

　ISBN 978-7-5150-2803-3

　Ⅰ.①新⋯　Ⅱ.①冯⋯　Ⅲ.①社会主义经济—经济
制度—研究—中国　Ⅳ.①F120.2

　中国国家版本馆 CIP 数据核字（2023）第 126611 号

书　　　名	新时代坚持和完善社会主义基本经济制度的四川实践研究
	XINSHIDAI JIANCHI HE WANSHAN SHEHUIZHUYI JIBEN
	JINGJI ZHIDU DE SICHUAN SHIJIAN YANJIU
作　　　者	冯梦黎　主编
统筹策划	陈　科
责任编辑	刘　锦
责任校对	许海利
责任印制	吴　霞
出版发行	国家行政学院出版社
	（北京市海淀区长春桥路 6 号　100089）
综 合 办	（010）68928887
发 行 部	（010）68928866
经　　　销	新华书店
印　　　刷	北京九州迅驰传媒文化有限公司
版　　　次	2023 年 9 月北京第 1 版
印　　　次	2023 年 9 月北京第 1 次印刷
开　　　本	170 毫米×240 毫米　16 开
印　　　张	12.75
字　　　数	189 千字
定　　　价	45.00 元

本书如有印装问题，可联系调换，联系电话：（010）68929022

总　序

党的二十大报告指出："我们党勇于进行理论探索和创新，以全新的视野深化对共产党执政规律、社会主义建设规律、人类社会发展规律的认识，取得重大理论创新成果，集中体现为新时代中国特色社会主义思想。十九大、十九届六中全会提出的'十个明确'、'十四个坚持'、'十三个方面成就'概括了这一思想的主要内容，必须长期坚持并不断丰富发展。"由此第一次在党的重大文献中正式出现"十个明确"的概念表述，清晰阐明了"十个明确"在党的创新理论中的理论地位和权威概括，为学习贯彻和研究阐释习近平新时代中国特色社会主义思想提供了方向指引和理论遵循。

"十个明确"的理论概括经历了一个过程。2017年10月，党的十九大报告在"新时代中国特色社会主义思想和基本方略"部分首次用"八个明确"和"十四个坚持"对习近平新时代中国特色社会主义思想的主要内容进行总体性概括。报告中的"八个明确"是：明确坚持和发展中国特色社会主义，总任务是实现社会主义现代化和中华民族伟大复兴，在全面建成小康社会的基础上，分两步走在本世纪中叶建成富强民主文明和谐美丽的社会主义现代化强国；明确新时代我国社会主要矛盾是人民日益增长的美好生活需要和不平衡不充分的发展之间的矛盾，必须坚持以人民为中心的发展思想，不断促进人的全面发展、全体人民共同富裕；明确中国特色社会主义事业总体布局是"五位一体"、战略布局是"四个全面"，强调坚定道路自信、理论自信、制度自信、文化自信；明确全面深化改革总目标是完善和发展中国特色社会主义制度、推进国家治理体系和治理能力现代化；明确全面推进依法治国总目标是建设中国特色社会主义法治体系、建设社会主义法治国家；明确党在新时代的强军目标是建设一支听党指挥、能打胜仗、作风优良的人民军队，把人民军队建设成为世界一流军队；明确中国特色大国外交要推动构建新型国际关系，推动构建人类命运共同体；明确中国特色社会主义最本质的特征是中国共产党领导，中国特色社会主义制度的最大优势是中国共产党领导，党是最高政治领导力量，提出新时代党的建设总要求，突出政治建设在党的建设中的重要地位。

2021年11月，党的十九届六中全会通过的《中共中央关于党的百年奋斗重大成就和历史经验的决议》（以下简称《决议》）第一次将"八个明确"丰富发展为"十个明确"并进行全面阐述。《决议》指出：以习近平同志为主要代表的中国共产党人，坚持把马克思主义基本原理同中国具体实际相结合、同中华优秀传统文化相结合，坚持毛泽东思想、邓小平理论、"三个代表"重要思想、科学发展观，深刻总结并充分运用党成立以来的历史经验，从新的实际出发，创立了习近平新时代中国特色社会主义思想，明确中国特色社会主义最本质的特征是中国共产党领导，中国特色社会主义制度的最大优势是中国共产党领导，中国共产党是最高政治领导力量，全党必须增强"四个意识"、坚定"四个自信"、做到"两个维护"；明确坚持和发展中国特色社会主义，总任务是实现社会主义现代化和中华民族伟大复兴，在全面建成小康社会的基础上，分两步走在本世纪中叶建成富强民主文明和谐美丽的社会主义现代化强国，以中国式现代化推进中华民族伟大复兴；明确新时代我国社会主要矛盾是人民日益增长的美好生活需要和不平衡不充分的发展之间的矛盾，必须坚持以人民为中心的发展思想，发展全过程人民民主，推动人的全面发展、全体人民共同富裕取得更为明显的实质性进展；明确中国特色社会主义事业总体布局是经济建设、政治建设、文化建设、社会建设、生态文明建设五位一体，战略布局是全面建设社会主义现代化国家、全面深化改革、全面依法治国、全面从严治党四个全面；明确全面深化改革总目标是完善和发展中国特色社会主义制度、推进国家治理体系和治理能力现代化；明确全面推进依法治国总目标是建设中国特色社会主义法治体系、建设社会主义法治国家；明确必须坚持和完善社会主义基本经济制度，使市场在资源配置中起决定性作用，更好发挥政府作用，把握新发展阶段，贯彻创新、协调、绿色、开放、共享的新发展理念，加快构建以国内大循环为主体、国内国际双循环相互促进的新发展格局，推动高质量发展，统筹发展和安全；明确党在新时代的强军目标是建设一支听党指挥、能打胜仗、作风优良的人民军队，把人民军队建设成为世界一流军队；明确中国特色大国外交要服务民族复兴、促进人类进步，推动建设新型国际关系，推动构建人类命运共同体；明确全面从严治党的战略方针，提出新时代党的建设总要求，全面推进党的政治建设、思想建设、组织建设、作风建设、纪律建设，把制度建设贯穿其中，深入推进反腐败斗争，落实管党治党政治责任，以伟大自我革命引领伟大社会革命。这些战略思想和创新理念，是党对中国特色社会主义建设规律认识深化和理论创新的重大成果。

从"八个明确"到"十个明确"，既有表述次序的重要调整，又有表述内容的重大创新。从次序上看，党的十九大报告中的第八个明确在《决议》中被摆到第一位，《决议》第一个明确重申中国特色社会主义最本质的特征是中国共产党领导，强调中国特色社会主义制度的最大优势是中国共产党领导，强调中国共产党是最高政治领导力量，同时增写了全党必须增强"四个意识"、坚定"四个自信"、做到"两个维护"。这是因为党的十八大以来，正是确立习近平同志党中央的核心、全党的核心地位，确立习近平新时代中国特色社会主义思想的指导地位，党和国家事业才发生了历史性变革、取得了历史性成就。这与《决议》提出"两个确立"是紧密联系、互为支撑的，讲清了中国共产党在中国特色社会主义事业中的领导核心作用，凸显了坚持和加强党的全面领导特别是党中央集中统一领导的重大原则和根本地位。

从内容上看，《决议》新增了第七个明确，即"明确必须坚持和完善社会主义基本经济制度，使市场在资源配置中起决定性作用，更好发挥政府作用，把握新发展阶段，贯彻创新、协调、绿色、开放、共享的新发展理念，加快构建以国内大循环为主体、国内国际双循环相互促进的新发展格局，推动高质量发展，统筹发展和安全"。这体现了以习近平同志为核心的党中央推动我国经济发展实践的宝贵智慧和理论结晶，是中国特色社会主义政治经济学的最新成果和重大发展。《决议》新增了第十个明确，即"明确全面从严治党的战略方针，提出新时代党的建设总要求，全面推进党的政治建设、思想建设、组织建设、作风建设、纪律建设，把制度建设贯穿其中，深入推进反腐败斗争，落实管党治党政治责任，以伟大自我革命引领伟大社会革命"。从结构上看，新增的第十个明确讲全面从严治党，这与第一个明确讲中国共产党领导做到首尾呼应、逻辑统一，同时也与《决议》总结归纳的党的百年奋斗的十条历史经验中的坚持党的领导和坚持自我革命，形成一前一后的呼应关系。除了新增的第七个明确和第十个明确外，《决议》还增加了一些十分重要的新表述。如第二个明确里新增"以中国式现代化推进中华民族伟大复兴"的表述，这反映了习近平新时代中国特色社会主义思想对建设什么样的社会主义现代化强国、怎样建设社会主义现代化强国这一重大时代课题的深邃思考和准确判断，进一步指明了中国式现代化道路的前进方向和光明图景。第三个明确里新增了"发展全过程人民民主"的表述，这是对中国特色社会主义政治建设理论和实践的新发展。第九个明确里强调中国特色大国外交的总目标，新增了"服务民族复兴、促进人类进步"的新表述，构成习近平外交思想的重要组成部分。总体上看，这些新表述、新论断深刻反映了党的十九大以来，以习近平同志为核心的党中央对新时代坚持和发展什么样的中国特色社会主义、怎样坚持和发展中国特色社会主义，建设什么样的社会主义现代化强国、怎样建设社会主义现代化强国，建设什么样的长期执政的马克思主义政党、怎样建设长期执政的马克思主义政党等重大时代课题的深邃思考和科学回答进一步深入，更加系统、科学、全面、准确地阐明了习近平新时代中国特色社会主义思想，是党的创新理论的集中概括和凝练表达。

党的创新理论内涵十分丰富，涵盖新时代坚持和发展中国特色社会主义的总目标、总任务、总体布局、战略布局和发展方向、发展方式、发展动力、战略步骤、外部条件、政治保证等基本问题，并根据新的实践对党的领导和党的建设、经济、政治、法治、科技、文化、教育、民生、民族、宗教、社会、生态文明、国家安全、国防和军队、"一国两制"和祖国统一、统一战线、外交等各方面作出新的理论概括和战略指引，贯通马克思主义哲学、马克思主义政治经济学、科学社会主义，贯通历史、现在、未来，贯通改革发展稳定、内政外交国防、治党治国治军等各领域。在这一科学系统、逻辑严密、有机统一的理论体系中，"十个明确"主要从战略和理论层面阐明了新时代中国特色社会主义"是什么"的问题，"十四个坚持"主要从策略和实践层面明确了新时代中国特色社会主义"怎么办"的问题，"十三个方面成就"主要从标志性成果和历史性成就层面检验了新时代中国特色社会主义"好不好"的问题，它们共同架构和集中升华习近平新时代中国特色社会主义思想的科学性、系统性、人民性、实践性、开放性。

"十个明确"坚持实事求是的思想路线，秉承马克思主义与时俱进的理论品格，深深植根于中华优秀传统文化，从体系化和学理性层面展示了我们党对习近平新时代中国特色社会主义思想的科学建构和系统阐释，反映了我们党对共产党执政规律、社会主义建设规律、人类社会发展规律的的认识深化，集聚了我们党治国理政新理念新思想新战略和原创性贡献，具有鲜明时代性、深厚民族性、彻底理论性、整体逻辑性。其整体性内在逻辑大致如下：方向引领（党的领导）—目标指引（总任务）—根本立场（以人民为中心）—战略路径（总体布局和战略布局）—根本动力（全面深化改革总目标）—本质要求（全面依法治国总目标）—中心工作（基本经济制度）—坚强铸石（强军目标）—战略保障（特色外交）—政治保证（全面从严治党）。

具体而言，"十个明确"中的每一个明确都有着十分丰富的内涵意蕴和实践要求，其在聚焦坚持和发展中国特色社会主义这一宏大主题基础上，又在各自领域体现出强烈的价值指向、鲜明的结构主线、突出的逻辑重点。第一个明确突出了党对创立和发展中国特色社会主义的领导核心作用，强化了党的领导制度在中国特色社会主义制度体系中的核心地位和根本保证作用。第二个明确擘画了实现中华民族伟大复兴的宏伟蓝图，明确了新时代实现民族复兴的总任务和顶层设计，将任务、目标、道路统一于一体，明晰了全面建设社会主义现代化国家的时间表和路线图，成为引领中国进步发展的鲜明旗帜。第三个明确指明了我国社会主要矛盾的重大变化，提出了以人民为中心的发展思想，从政治层面提出发展全过程人民民主，从终极关怀层面提出人的全面发展和共同富裕目标，是对发展马克思主义的重大贡献。第四个明确将中国特色社会主义事业"五位一体"总体布局和"四个全面"战略布局相互促进、统筹联动，从总体上确立了新时代坚持和发展中国特色社会主义的战略规划和发展路径。第五个明确从全面深化改革总目标视角构建系统完备、科学规范、运行有效的制度体系，明确提出国家治理体系和治理能力现代化，是对马克思主义国家学说的原创性贡献。第六个明确提出全面依法治国总目标和推进路径，深化了马克思主义关于社会主义法治建设的思想。第七个明确强调必须坚持和完善社会主义基本经济制度，使市场在资源配置中起决定性作用，更好发挥政府作用，提出把握新发展阶段、贯彻新发展理念、构建新发展格局、推动高质量发展的新理念新思想新战略，是对马克思主义政治经济学的重大发展。第八个明确提出党在新时代的强军目标，坚持政治建军、改革强军、科技强军、人才强军、依法治军，丰富发展了马克思主义军事理论。第九个明确提出中国特色大国外交的根本使命，倡导全人类共同价值，推动构建人类命运共同体，是对马克思主义关于世界历史思想和国际关系思想的原创性贡献。第十个明确从党的自我革命高度加强党的自身建设，突出共产党人精神谱系和政治特质，是对马克思主义政党学说和建设规律的重大发展。

2023 年是学习贯彻党的二十大精神的开局之年，在全党开展的学习贯彻习近平新时代中国特色社会主义思想主题教育正如火如荼地进行着。置于这个背景下审视，对"十个明确"的丰富内涵及其实践要求进行研究，具有重要的理论价值和实践意义。中共四川省委党校（四川行政学院）专门组建研究团队，集中学术资源，历时两年多开展"十个明确"的四川实践专题研究，一方面是落实学习贯彻习近平新时代中国特色社会主义思想政治首课的理论使命使然，另一方面是落实推动治蜀兴川再上新台阶、奋力谱写中国式现代化四川新篇章的实践要求使然。我们旨在通过这种体系化、协作式研究，力图从理论上弄清"十个明确"的科学内涵和重大意义，从实践上厘清"十个明确"对建设现代化四川的时代要求，以实际行动践行为党育才、为党献策的党校初心，在新时代新征程作出应有的党校贡献。

是为序。

裴泽庆

2023 年 4 月

前　言

中国特色社会主义进入新时代以来，面对十分复杂的国际形势和艰巨繁重的国内改革发展稳定任务，以习近平同志为核心的党中央迎难而上、开拓进取，革故鼎新、励精图治，解决了许多长期想解决而没有解决的难题，办成了许多过去想办而没有办成的大事，经受住了来自政治、经济、意识形态、自然界等方面的风险挑战考验，党和国家事业取得历史性成就、发生历史性变革，推动我国迈上全面建设社会主义现代化国家新征程。回顾新时代极不平凡的历程，党和国家事业之所以取得历史性成就、发生历史性变革，最根本的原因就在于有习近平总书记作为党中央的核心、全党的核心掌舵领航，有习近平新时代中国特色社会主义思想科学指引。《中共中央关于党的百年奋斗重大成就和历史经验的决议》（以下简称《决议》）在阐述习近平新时代中国特色社会主义思想时，首次把"明确必须坚持和完善社会主义基本经济制度"纳入"十个明确"，这是在党的十九大报告的"八个明确"基础上，新添加的两个"明确"之一。党的二十大报告再次强调"坚持和完善社会主义基本经济制度"并作出一系列战略部署。

"明确必须坚持和完善社会主义基本经济制度"是结合我们党自党的十六大首次提出社会主义基本经济制度以来，对这一制度的持续坚持和完善过程，同时也是对社会主义基本经济制度理论和实践的进一步坚持和完善。《决议》提出"明确必须坚持和完善社会主义基本经济制度，使市场在资源配置中起决定性作用，更好发挥政府作用，把握新发展阶段，贯彻创新、协调、绿色、开放、共享的新发展理念，加快构建以国内大循环为主体、国内国际双循环相互促进的新发展格局，推动高质量发展，统筹发展和安全"，这表明从所有制和分配制度拓展到有为政府与有效市场有机结合的制度，在新发展理念指导下，确定了新发展阶段中的新发展格局的重大战略，高质量发展下的统筹发展和安全原则，进一步明确了我国发展思路。

四川省委、省政府深入学习宣传贯彻党的二十大精神，坚持全面学习、全面把握、全面落实，坚定拥护"两个确立"、坚决做到"两个维护"，坚定以党的二十大精神统揽新时代治蜀兴川全局。全面建设社会主义现代化四川，是新时代治蜀兴川的总目标总任务。发展不足仍然是四川最突出的问题，必须牢牢扭住经济建设这个中心，推动经济高质量发展。党的二十大深刻阐释了中国式现代化的中国特色、本质要求和重大原则，为我国现代化建设提供了方向指引。四川省委十二届二次全会提出要坚持以中国式现代化引领四川现代化建设，在推动高质量发展中加快建设现代化经济强省，担当服务国家全局的时代使命。会议明确以"四化同步、城乡融合、五区共兴"为总抓手，构建现代化产业体系、促进高水平区域协调发展、全面推进乡村振兴、加快新型城镇化步伐、建设现代化基础设施体系、推动生态优先绿色发展、打造改革开放新高地。还要重视民生问题，民生问题就是民心问题，必须着力保障和改善民生，在经济发展的基础上不断提高人民生活水平和质量。四川省委十二届二次全会提出，坚持以人民为中心的发展思想，以共同富裕为导向加快民生社会事业发展，推动现代化建设成果更多更公平惠及全川人民。习近平总书记对四川工作的系列重要指示，科学阐明了四川发展的主要矛盾和突出问题、总体要求和着力重点、价值取向和策略方法，为新时代治蜀兴川提供了根本遵循。

以党的二十大精神统揽新时代治蜀兴川全局，以中国式现代化引领四川现代化建设，必须坚持和完善社会主义基本经济制度，为高质量发展提供坚实制度支撑。以抓发展为第一要务，把坚持和完善以公有制为主体的所有制、社会主义市场经济体制为原则，把新发展理念贯彻到经济社会发展全过程和各领域，促进质量变革、效率变革、动力变革。以惠民生为根本目的，坚持和完善以按劳分配为主体的分配方式，不断以为人民创造幸福安逸生活作为总取向，让改革发展成果更多更公平惠及全体人民，努力让人民群众的获得感成色更足、幸福感更可持续、安全感更有保障；以保安全为底线要求，时刻增强"时时放心不下"的责任感，统筹发展和安全，确保社会大局和谐稳定。

基于此，本书就"明确必须坚持和完善社会主义基本经济制度"这一要求的理论逻辑、历史逻辑和实践逻辑，并结合四川坚持与完善社会主义基本经济制度，推动经济高质量发展的实践进行系统阐述，希冀对更好领略和贯彻党的二十大精神、汲取党的成功经验、更好发挥我国特色社会主义制度优势、推动四川省经济高质量发展、推动治蜀兴川再上新台阶提供借鉴和参考。

📖 目录

第一章 社会主义基本经济制度的理论基础

党的十九届四中全会将社会主义基本经济制度拓展为一个包括所有制、分配制度、资源配置方式在内的"三位一体"的制度体系。党的二十大报告再次强调要坚持和完善社会主义基本经济制度。社会主义基本经济制度适应了中国特色社会主义初级阶段的社会生产力发展水平，显示出巨大的优越性，是党和人民的伟大创造。这一全新的制度体系不仅从根本上改变了中国的命运，也极大地推动了马克思主义在21世纪的创新发展，具有极为重要的理论创新意义。当前，中国特色社会主义进入新时代，面临着一系列新的重大发展问题，我们要全面贯彻习近平经济思想，推动中国经济社会的全方面转型、深层次变革和高质量发展，向第二个百年奋斗目标进军，以中国式现代化全面推进中华民族伟大复兴。

一、社会主义基本经济制度的理论视域

马克思主义经典作家根据历史唯物主义和对资本主义生产方式内在矛盾的科学分析，提出了未来社会主义社会"三位一体"的制度框架。这一制度框架在后来各国的社会主义实践中不断本土化和时代化。中国共产党立足社会主义初级阶段的基本国情，对马克思、恩格斯设想的未来社会主义社会基本经济制度的三个基本方面都作了创造性发展，建立起"三位一体"的社会主义基本经济制度体系。

（一）马克思主义经典理论中的社会主义经济制度

在人类思想史上，英国的思想家托马斯·莫尔在《乌托邦》一书中提出了空想社会主义的雏形，19 世纪初期经欧文、圣西门、傅立叶等空想社会主义思想家的发展和延伸，社会主义思潮在欧洲国家得到广泛传播。马克思、恩格斯批判地继承了空想社会主义思想的合理成分，创立了科学社会主义理论。在科学社会主义理论体系里，共产主义是比资本主义更高的人类社会发展阶段。马克思在 1875 年的《哥达纲领批判》中，第一次区分了共产主义社会发展的两个阶段——共产主义第一阶段和共产主义高级阶段，并阐述了两个社会的基本特征。马克思认为，虽然共产主义的这两个阶段都已消灭私有制，实行生产资料的公有制，但由于社会生产力发展水平的不同，必须实行不同的分配方式。马克思指出，由于劳动者个人天赋等方面的差别，平均主义的分配将导致诸多弊端，"要避免所有这些弊病，权利就不应当是平等的，而应当是不平等的""权利决不能超出社会的经济结构以及由经济结构制约的社会的文化发展"[1]。在共产主义第一阶段，由于在经济、道德和精神上都还带着资本主义社会的痕迹，社会生产力还没有充分发展，劳动还是谋生手段，适应这样一个发展阶段，消费品分配只能遵循商品等价交换的原则，实行按劳分配；只有到了共产主义高级阶段，社会生产力实现了高度发展，社会财富极大丰富，人本身实现了全面发展，劳动成为人的第一需要，这个时候"社会才能在自己的旗帜上写上：各尽所能，按需分配"[2]。列宁在马克思、恩格斯创立的科学社会主义理论基础上，把未来社会的发展划分为三个阶段："从资本主义向共产主义过渡""共产主义第一阶段""共产主义高级阶段"。

马克思、恩格斯基于历史唯物主义基本方法，科学地揭示了资本主义

---

[1] 《马克思恩格斯选集》（第 3 卷），人民出版社 2012 年版，第 364 页。

[2] 同上书，第 365 页。

生产方式的内在矛盾及其演变规律，在此基础上阐明了未来社会主义社会的基本经济制度。在科学社会主义理论中，社会主义的经济制度有三根最重要的"柱子"：单一的生产资料全社会公有制、单一的按劳分配制度、"按照共同的计划"组织社会生产。在马克思、恩格斯的理论体系里，社会主义必然要"按照共同的计划"组织社会生产，才能保证经济资源得到有效利用。虽然"计划经济"这个术语在马克思、恩格斯的原著中未见，但在19世纪40年代，马克思和恩格斯合著的《德意志意识形态》和《共产党宣言》中，已经将"自由联合起来的个人共同计划"描绘为未来新社会的蓝图，并且到19世纪60—70年代，他们在《资本论》《反杜林论》《社会主义从空想到科学的发展》《家庭、私有制和国家的起源》《自然辩证法》《法德农民问题》等一系列著作中，对社会主义生产有组织、有计划问题作了系统的论述，"按计划生产"的思想是清晰一贯的。后来列宁等人对马克思、恩格斯的理论加以深化，明确提出"计划经济"范畴。在社会主义"三位一体"的制度体系中，马克思认为，最基本的是生产资料公有制，按劳分配的分配方式和计划调节的经济体制都是由生产资料公有制延伸出来的。这样，单一的生产资料公有制、单一的按劳分配制度、计划经济的经济体制这种"三位一体"制度，就构成了马克思主义经典理论中关于社会主义经济制度的基本框架。

马克思、恩格斯关于未来社会的科学构想，为建立包括社会主义经济制度在内的社会主义制度提供了基本的理论依据。但必须看到，马克思、恩格斯所提出的未来社会的总体原则和设想，是基于在发达资本主义国家进行社会主义革命的，是根据社会发展的总趋势所作出的一般性判断，并非未来社会及其演进的详细蓝图，不能将其看作一成不变的教条。正如恩格斯所强调的，"所谓'社会主义社会'不是一种一成不变的东西，而应当和任何其他社会制度一样，把它看成是经常变化和改革的社会"①。在

---

① 《马克思恩格斯文集》（第10卷），人民出版社2009年版，第588页。

马克思、恩格斯的时代，社会主义还主要是一种理论设想，由于缺乏社会主义的实践，马克思主义的经典作家不可能详细讨论社会主义的具体问题。后来的社会主义实践与马克思、恩格斯当年设想的路径、形式有很大不同，其中一个根本性的不同是，社会主义没有率先在资本主义已经充分发展、社会生产力高度发达的资本主义国家出现，而是在资本主义没有充分发展、社会生产力较为落后的俄国成为现实，在文化背景殊异的中国大放光辉。由于处在不同的经济文化发展背景下，社会主义的实践必须从各个国家的实际情况出发，不断地本土化和时代化。中国在社会主义的实践中，始终将马克思主义的普遍真理与中国具体实践相结合，推动马克思主义中国化、时代化，不断创新社会主义基本经济制度，丰富和发展了马克思主义经典理论中关于社会主义经济制度的三个方面。

（二）社会主义基本经济制度是"三位一体"的有机整体

党的十九届四中全会首次明确提出，"公有制经济为主体、多种所有制经济共同发展，按劳分配为主体、多种分配方式并存，社会主义市场经济体制等社会主义基本经济制度，既体现了社会主义制度优越性，又同我国社会主义初级阶段社会生产力发展水平相适应，是党和人民的伟大创造"。这就将社会主义基本经济制度拓展为一个包括所有制、分配制度、资源配置方式在内的"三位一体"的制度体系。当然，我们所说的社会主义基本经济制度不是针对成熟完善的社会主义，而是特指社会主义初级阶段。由于发展阶段的根本不同，这一阶段的基本经济制度不能完全等同于马克思、恩格斯设想的未来成熟的社会主义经济制度，必然要更加复杂和多样。具体而言，相比于马克思主义经典理论中"三位一体"的社会主义基本经济制度，我国社会主义初级阶段的基本经济制度实现了三大转变：在所有制方面，从单一的公有制转向了以公有制为主体、多种所有制共同发展的多元所有制结构；在分配制度方面，从单一、直接的按劳分配转向以按劳分配为主体、多种分配方式并存，形成了市场经济条件下按劳分配的新的实现形式；在经济运行机制方面，从计划转向了市场，实现了市场经济与社会主义的共容共生。

改革开放以来，我们对社会主义初级阶段基本经济制度的认识是不断深化的。在马克思主义政治经济学视角下，基本经济制度应当是由生产资料所有制、分配制度和经济运行机制三方面构成的制度体系，其中生产资料所有制是最根本的，决定着分配制度和经济运行机制的基本特征。过去，我们对社会基本经济制度的认识主要是与所有制连在一起的，如党的十五大报告明确提出"要坚持和完善社会主义公有制为主体、多种所有制经济共同发展的基本经济制度"。由于改革和发展实践的局限性，仅把基本经济制度界定为所有制及其经济实现形式，使得实践中所有制的单线突进改革在一定程度上受到分配和体制机制改革不同步的制约。进入新时代，随着中国特色社会主义基本经济制度的形成、发展到逐渐完善、成熟并走向定型，实践的探索和创新赋予了社会主义基本经济制度新的更加丰富的内涵。不仅包括过去强调的所有制，还包括分配制度特别是经济运行机制。这一将所有制、分配制度、经济运行机制有机统一的基本经济制度，是中国特色社会主义市场经济体制成长成熟定型的客观需要和必然产物，体现了实践创新、制度创新和理论创新的统一。

对于基本经济制度的这一最新概括，可以从理论逻辑与现实需要两方面来理解。从理论逻辑看，马克思认为，社会再生产的四个环节——生产、分配、交换、消费是不可分割的有机整体，其中生产资料所有制处于基础地位，因为"一定的生产决定一定的消费、分配、交换和这些不同要素相互间的一定关系"[1]，但生产反过来也要受到分配、交换、消费的制约。基于社会再生产的这种整体性，基本经济制度应当是包括所有制、分配制度、经济运行机制在内的"三位一体"的制度体系，而不仅仅是生产

---

[1] 《马克思恩格斯选集》（第2卷），人民出版社1975年版，第102页。

资料所有制①，这符合马克思主义政治经济学的基本原理。具体而言，在社会主义基本经济制度中，公有制为主体、多种所有制经济共同发展的所有制结构处于核心地位，按劳分配为主体、多种分配方式并存的分配制度和社会主义市场经济体制是建立在这一基础之上的。在社会主义初级阶段，生产资料公有制、按劳分配为主体的收入分配制度都是在市场经济环境下实现的，都要探索市场经济环境下的实现形式，三者是紧密结合、互为支持、有机协调的有机整体。从现实需要看，基本经济制度新概括的提出，恰逢世界正经历百年未有之大变局，中国特色社会主义进入新时代。面对国内外环境的这些深刻变化，我们立足新发展阶段、贯彻新发展理念、构建新发展格局，推进高质量发展，迫切需要所有制结构、分配制度和经济运行机制的协同作用，加强制度的配套化和体系化，因此对基本经济制度的理解必须突破单一的所有制层面。

"三位一体"的社会主义基本经济制度的现实结构，是立足社会主义初级阶段基本国情，对社会主义的坚持与创新的辩证统一，符合社会主义条件下生产力-生产关系、经济基础-上层建筑的辩证运动规律。党的二十大强调，我国仍处于社会主义初级阶段，正在经历广泛而深刻的社会变革。这一基本国情要求我们不仅要把公有制为主体的所有制结构作为基本经济制度坚持和完善，也要把按劳分配为主体的分配方式和社会主义市场经济体制作为基本经济制度加以坚持和完善。"三位一体"的基本经济制度契合了社会主义初级阶段社会生产力发展水平，有利于社会生产力的发展，有利于实现共同富裕。这是"生产力-生产关系"的辩证运动。从经济基础与上层建筑的辩证运动看，社会主义基本经济制度坚持以公有制为主体，为坚持党的领导和社会主义制度奠定了坚实的经济基础，同时，面对社会主义市场经济的新环境，也要探索和完善党领导经济工作的体制机制和方式。

---

① 方敏：《基本经济制度是所有制关系、分配关系、交换关系的有机统一》，《政治经济学评论》2020 年第 2 期。

二、社会主义基本经济制度的实践价值

社会主义基本经济制度的确立，是中国共产党在中国革命、建设、改革和发展实践中，不懈推进马克思主义中国化的成果，是党和人民的伟大创造。正如党的二十大指出的："党的百年奋斗成功道路是党领导人民独立自主探索开辟出来的，马克思主义的中国篇章是中国共产党人依靠自身力量实践出来的。"中国共产党领导人民不断在实践探索中提升理论认识，又从理论突破进一步指导实践发展。改革开放以来，我们党深刻总结国内外正反两方面经验，立足于社会主义初级阶段的基本国情，对经济制度改革进行了一系列深刻的创新探索，成功地走出了一条扎根中国大地、切合中国实际的中国式现代化道路，实现了经济社会的快速发展。这条全新的道路不仅从根本上改变了中国的命运，具有极其重要的现实意义，同时也极大地推动了马克思主义在 21 世纪的创新发展，谱写了马克思主义中国化时代化新篇章，具有极为重要的理论创新意义。社会主义基本经济制度的确立是党和人民奋斗的历史经验、探索的理论实践和奋进的现实需求。

（一）凝练党和人民奋斗的历史经验

在新民主主义革命时期，中国共产党就充分认识到经济制度在社会制度中的决定性地位和作用，形成了新民主主义经济思想。在社会主义革命和建设时期，中国在中国共产党的领导下进行了社会主义革命，确立了社会主义基本制度，实现了一穷二白、人口众多的东方大国大步迈进社会主义社会的伟大飞跃。新中国成立初期，为了尽快建立社会主义工业化的初步基础，我们需要动员和集中大量的财力、物力和技术力量，通过自发的市场经济难以达到这一要求，社会主义集中力量办大事的制度优势充分显现出来。历史地看，新中国成立到改革开放前近 30 年采取的经济体制，适应了当时中国内部百废待兴、外部面临敌对与封锁的基本国情。这一时

期不仅巩固了新生的社会主义国家政权，而且为我们在一穷二白的基础上快速地建立起独立、比较完整的工业体系和国民经济体系提供了制度基础，积累了社会主义经济建设的重要经验。这是应当充分肯定的历史功绩。

但是，纯而又纯的公有制、平均主义的"大锅饭"和高度集中的计划经济体制缺乏效率与活力，不适应我国社会生产力进一步发展的要求。1978 年党的十一届三中全会召开标志着我国进入改革开放和社会主义现代化建设新时期，社会主义初级阶段基本经济制度的探索迎来一个伟大的历史性转折。中国共产党遵循实践是检验真理的唯一标准的思想原则，深刻总结正反两方面历史经验，认识到贫穷不是社会主义，开启了全新的探索历程，具体体现为发展多种所有制经济、多元化收入分配方式、建立和完善社会主义市场经济体制。

第一，探索社会主义所有制结构的历史经验。1980 年，中共中央工作会议提出"在公有制经济占绝对优势的条件下，允许城镇个体所有制经济的发展"，开始了我国对个体经济的重新认识。1982 年，党的十二大报告明确指出，"在农村和城市，都要鼓励劳动者个体经济在国家规定的范围内和工商行政管理下适当发展，作为公有制经济的必要的、有益的补充"，首次把个体经济作为公有制经济必要的、有益的补充。1988 年，第七届全国人大第一次会议通过的宪法修正案确定："国家允许私营经济在法律规定的范围内存在和发展。私营经济是社会主义公有制经济的补充。国家保护私营经济的合法的权利和利益，对私营经济实行引导、监督和管理。"这是我们党对非公有制经济地位的新认识正式体现在宪法层面。1997 年党的十五大对非公有制经济的认识具有极其重要的意义，这次会议首次将公有制为主体、多种所有制经济共同发展明确为"我国社会主义初级阶段的一项基本经济制度"，第一次把非公有制经济的地位上升为"社会主义市场经济的重要组成部分"。2018 年 11 月，习近平总书记在民营企业座谈会上充分肯定，"民营经济是社会主义市场经济发展的重要成果，是推动社会主义市场经济发展的重要力量"。这是我们党关于非公有制经济认识的最新成果，来自我国多种所有制经济共同发展的伟大实践。

第二，探索社会主义收入分配制度的历史经验。新中国成立初期，我们曾充分肯定按劳分配对发展社会主义的重要意义，同时强调"物质鼓励和政治思想教育必须相辅而行"①，但后来随着收入分配愈加向着平均主义异化，事实上背离了按劳分配原则。否认按劳分配，极大地伤害了人民群众的劳动积极性，严重阻碍了社会生产力的发展。改革开放后，我们重新回到按劳分配这一基本的社会主义分配原则。1984 年，党的十二届三中全会通过的《中共中央关于经济体制改革的决定》明确提出，要"认真贯彻按劳分配原则"。在重新确立按劳分配原则的同时，随着所有制结构的多元化、社会主义商品经济理论与实践的推进，在收入分配制度上形成了"以按劳分配为主体，其他分配方式为补充"的新突破。1992 年，党的十四大正式提出，在社会主义市场经济体制下要实行"按劳分配为主体、多种分配方式并存"的分配制度。1997 年，党的十五大提出"把按劳分配和按要素分配结合起来"的新论断，这表明我们党在分配理论上首次承认生产要素在收入分配中的重要地位。2002 年，党的十六大进一步提出要"确立劳动、资本、技术和管理等生产要素按贡献参与分配的原则，完善按劳分配为主体、多种分配方式并存的分配制度"。2012 年，党的十八大以来，全面建设小康社会背景下新时代社会主义收入分配原则有了新发展。这一时期，中国收入分配制度进一步成熟和定型。2019 年，党的十九届四中全会将"按劳分配为主体、多种分配方式并存"作为社会主义基本经济制度。

第三，探索社会主义经济中计划与市场关系认识的历史经验。在计划经济时期，我们曾长期把市场经济等同于资本主义，把计划经济看作社会

---

① 薛暮桥：《中国社会主义经济问题研究》，人民出版社 1979 年版，第 76 页。

主义的本质特征。1978 年后，随着我国经济体制改革的推进，我们党对计划与市场的认识开始发生深刻变化。1982 年，党的十二大提出，要"正确贯彻计划经济为主、市场调节为辅原则"，这一提法表明我们党在计划与市场关系的认识上出现了第一次重大的深化。1984 年，党的十二届三中全会通过的《中共中央关于经济体制改革的决定》突破了之前的"主辅论"，提出"公有制基础上的有计划的商品经济"。1992 年，党的十四大报告首次明确"我国经济体制改革的目标是建立社会主义市场经济体制""要使市场在社会主义国家宏观调控下对资源配置起基础性作用"。2013 年，党的十八届三中全会进一步提出，"经济体制改革是全面深化改革的重点，核心问题是处理好政府和市场的关系，使市场在资源配置中起决定性作用和更好发挥政府作用"。2017 年，党的十九大报告强调，"加快完善社会主义市场经济体制""经济体制改革必须以完善产权制度和要素市场化配置为重点"。2019 年，党的十九届四中全会首次把社会主义市场经济体制明确为社会主义基本经济制度。2022 年，党的二十大再次强调，"坚持社会主义市场经济改革方向""构建高水平社会主义市场经济体制""充分发挥市场在资源配置中的决定性作用，更好发挥政府作用"。这都表明我们党对社会主义市场经济的认识更加成熟，表明我们党对计划与市场关系的认识达到了一个崭新高度。

纵观历史，中国社会主义基本经济制度的建立和不断完善，始终是在中国共产党领导下进行的，体现了中国共产党人将马克思主义理论创造性地运用于中国特色社会主义的伟大实践①。在 20 世纪 70 年代末至 90 年代初的改革浪潮中，当时的一些东欧社会主义国家放弃社会主义制度和共产党的领导，结果导致政治、经济、社会混乱，人民生活水平急剧下降，并导致严重两极分化。与这些国家不同，中国的改革开放在一开始就明确：

---

① 刘凤义：《对社会主义基本经济制度新概括的理解》，《中国高校社会科学》2020 年第2 期。

决不是放弃社会主义基本制度，而是在中国共产党领导下对社会主义制度的自我完善。在整个改革开放进程中，中国始终旗帜鲜明地坚持社会主义基本制度，坚持中国共产党的领导。正因为在党的坚强领导下，充分发挥社会主义制度的优越性，中国经济改革和发展的进程才能始终保持高度稳定，实现了持续快速的经济发展，创造了举世瞩目的中国奇迹。

（二）反映党和人民探索的理论创造

党的二十大明确指出："马克思主义是我们立党立国、兴党兴国的根本指导思想。实践告诉我们，中国共产党为什么能，中国特色社会主义为什么好，归根到底是马克思主义行，是中国化时代化的马克思主义行。"坚持和发展马克思主义，必须同中国具体实际相结合，必须同中华民族优秀传统文化相结合，不断在实践基础上推进理论创新。实践没有止境，理论创新也没有止境。

社会主义基本经济制度是马克思主义中国化时代化的产物，反映了党和人民探索的理论创造。按照历史唯物主义的基本原理，生产力是第一性的，生产关系是第二性的，生产关系要适应生产力的发展要求。中国的社会主义制度是在落后的社会生产力基础上建立起来的，尚不具备社会主义的物质基础，这就决定了我们不能完全采取马克思主义经典理论中的社会主义经济制度，而必须从中国的实际情况出发，探索适合中国国情的社会主义道路。改革开放后，我们党明确了社会主义初级阶段这一基本国情，创造性地开辟了全新的中国特色社会主义道路。通过实践基础上的理论创新，中国共产党团结带领中国人民不断开辟马克思主义中国化时代化新境界，科学社会主义在二十一世纪的中国焕发出新的蓬勃生机。

第一，适应社会主义初级阶段的生产力发展水平，突破了单一公有制结构，实现了多种所有制经济共同发展。马克思主义经典理论认为，未来社会主义社会应当消灭生产资料私有制，实行生产资料的社会占有，即公有制。换句话说，马克思主义经典理论认为，社会主义与私有制是不相容的。世界上第一个社会主义国家苏联长期实行单一的生产资料公有制，限制非公有制经济的发展，否定非公有制经济的作用。新中国成立初期，我们曾参照苏联模式，建立起"一大二公"的计划经济体制，在理论和实践上片面排斥和否定非公有制经济，"割资本主义尾巴"。但是，对于中国这样幅员辽阔、人口众多、发展不平衡不充分的大国来说，单一的公有制并不适合我国社会生产力的发展要求，结果导致这一时期中国与世界发达国家的差距不仅没有缩小反而进一步拉大。党的十一届三中全会以后，我们党立足中国正处于社会主义初级阶段的基本国情，勇敢破除所有制问题上的传统观念束缚，冲破了社会主义只能实行公有制，不能容纳非公有制经济的传统观点，在理论和实践上承认了非公有制经济在社会主义经济建设中的重要地位，实现了多种所有制经济优势互补、良性互动、共同发展。

第二，适应社会主义初级阶段的生产力水平以及由此决定的所有制结构，创造性地发展了社会主义分配制度。马克思的基本观点是，社会主义应当实行按劳分配原则。从理论上讲，按劳分配能够兼顾效率与公平，具有巨大的优越性：一方面，按劳分配排除了凭借生产资料占有他人劳动成果的可能，有利于消灭剥削、消除两极分化，实现共同富裕；另一方面，按劳分配把劳动的数量和质量与劳动报酬直接联系起来，反对平均主义，有利于提高劳动积极性。但是，在社会主义初级阶段，由于社会生产力发展水平较低，还不能实行单一的按劳分配，需要将按劳分配和按要素分配有机结合，以提高各类要素主体的积极性，让一切创造财富的源泉充分涌流。对社会主义初级阶段的分配制度可以从两个方面理解：一是所有制层次，以公有制为主体、多种所有制经济共同发展的所有制结构决定了我国必须实行按劳分配为主体、多种分配方式并存的分配制度；二是市场机制层次，市场机制要求实行按要素分配，以保证资源要素的配置效率。归纳起来看，"按劳分配为主体、多种分配方式并存"的社会主义分配制度，既有利于保障社会公平，又能充分体现效率要求。

第三，适应社会主义初级阶段的基本国情，创造性地实现了社会主义与市场经济的有机结合。社会主义市场经济体制突破了过去将市场等同于资本主义、认为市场经济与社会主义不相容的传统观点。在经典马克思主义理论中，社会主义应当消灭商品货币关系，实行计划经济。中国共产党从中国社会生产力发展实际出发，经过长期的实践探索，逐渐突破了这一传统观点。邓小平在1992年的南方谈话中，明确指出："计划多一点还是市场多一点，不是社会主义与资本主义的本质区别。计划经济不等于社会主义，资本主义也有计划；市场经济不等于资本主义，社会主义也有市场。计划和市场都是经济手段。"这就从根本上突破了将社会主义与市场经济对立起来的传统观点。党的十四大正式明确市场对资源配置起基础性作用的社会主义市场经济改革目标。党的十四大以来，我们党对政府和市场关系的认识不断深化和拓展。党的十八届三中全会首次提出，让市场在资源配置中起决定性作用。这是党对政府与市场关系的全新定位。在党的十九届四中全会上，社会主义市场经济体制被纳入社会主义基本经济制度。我们在发展市场经济的同时，也注重发挥政府的调节作用。使市场在资源配置中起决定性作用和更好发挥政府作用，二者是有机统一的，不能把二者割裂开来、对立起来。改革开放的伟大成就证明，把市场经济与社会主义制度的优越性有机地结合起来，实现有效市场与有为政府的更好结合，是适应我国社会主义初级阶段生产力发展要求的正确选择。

（三）顺应党和人民奋进的现实需求

社会主义基本经济制度的确立是党和人民长期实践探索的历史经验总结，也是新时代党和人民奋进的现实需求。中国特色社会主义进入新时代，传统发展动力衰减、资源环境承载能力已经达到或接近极限；人民群众的需要由数量需要转向质量需要，经济发展的不平衡不充分问题明显滞后于人民群众对美好生活的需要；外部环境迅速变化，安全风险上升，发展与安全的深度交织变得越来越突出。立足新发展阶段、贯彻新发展理念、构建新发展格局，推进高质量发展，必须解决当前我国面临的一系列突出问题，特别是破解关键核心技术"卡脖子"问题、增强创新能力、扎实推进共同富裕、统筹发展与安全。社会主义基本经济制度为应对这些突出的现实挑战提供了根本的制度保障，能够有效支撑我国经济社会的全方面转型、深层次变革和高质量发展。具体而言主要有以下四个方面。

第一，社会主义基本经济制度的确立符合新时代增强国家自主创新能力、破解关键核心技术"卡脖子"问题、实现高质量发展的现实需求。自主创新能力是国家竞争力的核心，科技创新是当前中国实现新旧动能转换和高质量发展的关键。实践证明，一个国家只有拥有强大的自主创新能力，才能在激烈的国际竞争中把握先机、赢得主动。特别是在关系国民经济命脉和国家安全的关键领域，真正的核心技术、关键技术是买不来的，必须依靠自主创新。当前，一些科技大国利用拥有的科技先发优势，在关键核心技术领域和环节对中国科技进步"卡脖子"，遏制中国科技发展，试图阻断中国现代化强国建设进程。党的十九大以来，中央多次强调要构建社会主义市场经济条件下关键核心技术攻关的新型举国体制；健全社会主义市场经济条件下新型举国体制，打好关键核心技术攻坚战。新型举国体制，就是要充分发挥社会主义市场经济的独特作用，充分发挥我国社会主义制度能够集中力量办大事的制度优势，为科技创新提供强大动力。新型举国体制中政府与市场互为补充，既要求贯彻国家意志，聚焦国家重大战略需求，也注重维护和激发各类主体的创新活力，发挥超大规模市场在科技创新资源配置中的需求导向和效率牵引效用，动员全社会研究资源加盟，实现经济和科技的深度融合。新型举国体制，不仅依托改革后重新焕发生机的国有经济，也高度重视调动非公有制经济的创新活力和积极性，激发全社会的科技创新力量和热情。进入新时代，中国科技创新事业发生历史性变革，取得历史性成就。从"嫦娥工程"的稳步前进到"中国天眼"的落成启用，从北斗卫星导航系统全球布局到"天宫""天问"深远太空硬核科技的重大突破，"国之重器"缤纷呈现，彰显了社会主义市场经济条件下新型举国体制的独特优势。

第二，社会主义基本经济制度符合新时代激发微观主体创新活力、实现创新驱动发展的现实需求。创新是引领发展的第一动力。当前，新一代信息通信技术快速发展，世界正兴起新一轮科技革命，必须增强社会的创新能力，才能在新一轮全球技术经济革命与裂变中走在时代前列。社会主义基本经济制度能够有效地激发市场主体的创新活力，符合这一发展方式转型的现实需求。一方面，经过改革的国有企业开始焕发生机活力，自主创新能力和意愿大大增强，已经成为我国在攀登世界科技高峰、追赶世界科技进步步伐的重要力量。另一方面，社会主义基本经济制度将非公有制经济作为社会主义市场经济的重要组成部分，鼓励、扶持、引导非公有制经济发展，有效地激发了非公有制企业的积极性、主动性和创造性。非公有制经济蓬勃发展，创新型企业家不断涌现，成为推动技术进步和生产方式优化、实现创新驱动和高质量发展的重要动力。这不仅表现在国民经济中发挥支柱性作用的大企业崛起，更有无数中小微企业和个体工商户茁壮成长。在改革开放前期，我国个体工商户只有 10 多万户。2018 年末，中小微企业法人单位超过 1800 万家，其中小微私营企业有 1526.5 万家；2021 年，个体工商户数量已突破 1 亿户。非公有制经济具有决策灵活、对市场反应灵敏、创新活力强的优势，有利于培育企业家精神，释放创新创业活力。这一特点对于下游产品尤其是消费品市场十分重要，使其可以根据消费者的选择提供丰富多彩的商品和服务，带动形成了创业、创新、创富的"金三角"，推动了一波又一波的创业浪潮。21 世纪以来，中国正式成为 WTO 成员，加速融入全球经济，随着互联网新经济和风险投资及资本市场的发展，以互联网新经济为特征的创新创业浪潮蓬勃兴起。新时代，政府大力推行简政放权，对"双创"出台一系列引导措施。新时代的创新创业范围更大、层次更高，"双创"主体多元化，既有视野开阔的海归人员，也有农民工"草根"创业，还有大量富有创造活力和干事激情的大学生群体。"双创"体系生态化，顶天立地的科技大企业和铺天盖地的小微企业共生共荣，互联网发展为线上与线下共创提供技术保障。"众创"

"众包""众筹"等新的商业模式、管理机制、投资模式多维度创新交相呼应①。

第三，社会主义基本经济制度的确立符合调节国民经济结构、促进协调发展、实现共同富裕的现实要求。共同富裕是社会主义的本质要求，是建设和谐社会的必要条件。党的十一届三中全会后，一个重要的发展理念就是"让一部分人先富起来"，历史发展到今天，这一政策已经完成任务，应逐步转向实现共同富裕②。改革开放以来，中国经济社会发展活力不断增强，人民生活水平普遍提高，但也出现了区域城乡发展不协调和收入差距扩大问题，这种发展的不平衡性已经构成新时代我国经济社会进一步发展的短板和瓶颈。社会主义基本经济制度的确立符合调节国民经济结构、促进协调均衡发展、实现共同富裕的现实要求，显示出强大效能。这集中体现在脱贫攻坚中。在党的集中统一领导下，我们通过政府与市场相结合，有效地动员起全党全国全社会力量，向贫困发起总攻，如期实现脱贫攻坚任务，消灭绝对贫困，创造了世界减贫史上的伟大奇迹。在这一过程中，我们不仅充分动员政府机关、国有企事业单位，还积极鼓励、引导民营企业发挥自身优势，助力脱贫攻坚，如2015年全国工商联、国务院扶贫办、中国光彩会正式发起的"万企帮万村"行动。在当前实施乡村振兴战略的过程中，党和政府同样重视政府和市场的有机结合，在坚持农村集体所有制、发展新型农村集体经济的基础上，动员各方力量促进乡村振兴。在促进区域协调发展、实现"先富带后富"方面，东西部协作和对口支援机制显示出了巨大效能；西部大开发、东北全面振兴、中部地区崛起、京津冀协同发展、长江经济带发展、长三角一体化发展、黄河流域生态保护、雄安新区和成渝地区双城经济圈建设等一些重大区域协调发展政策的规划实施，无不彰显了社会主义的制度优势。

---

① 辜胜阻、李睿：《大众创业万众创新要激发多元主体活力》，《求是》2015年第16期。
② 刘国光：《是"国富优先"转向"民富优先"还是"一部分人先富起来"转向"共同富裕"？》，《探索》2011年第4期。

第四，社会主义基本经济制度的确立符合当前克服重大风险挑战、统筹发展与安全、保证国家长治久安的现实需求。中国特色社会主义进入新时代，我国日益走近世界舞台中央，是一个"船到中流浪更急、人到半山路更陡"的时候，是一个愈进愈难、愈进愈险而又不进则退、非进不可的时候。在这样一个阶段，各种内外部风险和安全挑战更加突出。安全是发展的前提，发展是安全的保障。统筹发展和安全，是中国特色社会主义进入新时代的必然要求。社会主义基本经济制度适应了这一现实需求，体现出巨大的制度优势。公有制的主体地位使得我们的经济体系在应对外部冲击时有充分的政策工具，保持经济韧性。我国国有企业大多分布在关系国计民生和国民经济命脉的关键领域和行业，在保障基础产品供应、重大基础设施建设、关键核心技术突破、产业链和供应链安全、加强和改善民生等方面发挥着重要作用，对于保障国家经济安全、宏观经济稳定起着中流砥柱和"压舱石"的作用。面对新冠疫情冲击，我们统筹疫情防控与经济社会发展，充分体现了社会主义制度在应对重大风险挑战、统筹发展与安全方面突出的制度优势。

三、社会主义基本经济制度的显著优势

新中国成立 70 多年来特别是改革开放 40 多年来的伟大成就证明，社会主义基本经济制度适应了我国社会主义初级阶段的社会生产力发展要求，具有显著的优越性，是中国实现"富起来"、走向"强起来"的制度基石。习近平总书记多次强调我国国家制度和国家治理体系具有多方面的显著优势，并将这一优势概括成"十三个坚持"，其中"第六个坚持"即坚持公有制为主体、多种所有制经济共同发展和按劳分配为主体、多种分配方式并存，把社会主义制度和市场经济有机结合起来，不断发挥解放和发展社会生产力的显著优势。

基于生产关系要适应生产力发展要求这一历史唯物主义基本原理，适

应我国社会主义初级阶段基本国情的社会主义基本经济制度，具有三方面的显著优势：推动多种所有制经济共同发展、兼顾效率和公平促进共同富裕、保障政府与市场双重作用。

（一）推动多种所有制经济共同发展

社会主义基本经济制度把坚持公有制经济为主体和促进非公有制经济发展统一于社会主义现代化建设中，既有利于发挥公有制经济在保障人民共同利益、增进民生福祉、巩固完善社会主义制度以及在关系国家安全、国民经济命脉和国计民生的重要行业和关键领域的主体作用，又有利于发挥非公有制经济在稳定增长、促进创新、增加就业、改善民生等方面的重要作用，从而推动各种所有制取长补短、相互促进、共同发展，形成推动高质量发展的强大合力。

坚持把公有制作为社会主义经济制度的基础，既是科学社会主义的一项根本原则，也是我们党建设和发展中国特色社会主义的根本原则。公有制经济包括国有经济、集体经济，以及混合所有制经济中的国有成分和集体成分。与其他所有制经济相比，国有经济就有以下四个方面的突出优势。第一，国有经济主要集中于关系国民经济命脉和国计民生的重要行业和关键领域，能够为社会生产力的发展、综合国力的增强、人民生活水平的提高提供基本保障。第二，国有经济是国家引导、推动、调控国民经济和社会发展的基本力量，有利于保障全体人民的共同利益，消除两极分化和实现共同富裕，引导多种所有制经济沿着社会主义方向健康发展。第三，国有经济有效增强了国家的经济实力和国防实力以及应对各种突发事件和重大风险的能力，为国家长治久安提供有力保障。第四，国有经济是经济全球化条件下实现自主发展的重要保障，有利于国家大力实施自主创新战略，完善国家创新体系，加快建设科技强国，实现科技自立自强。集体所有制的生产资料公有化的范围较小，具有灵活多样、适应性强的特点，可以调动劳动群众的积极性、主动性和创造性；此外，由于在集体内部实现了生产资料的公有以及相应的民主管理和收益共享，有利于缩小收入差距，实现共同富裕。

改革开放以来，我国非公有制经济从小到大、由弱变强，适应了我国社会主义初级阶段生产力发展和市场经济发展的要求，在支撑增长、促进创新、扩大就业、增加税收等方面具有重要作用。国有经济主要集中于对整个国民经济具有重大影响的关键领域，不可能覆盖社会所需的全部产品和服务，人民群众日常所需的大量产品和服务需要由非公有制经济来提供。特别是中国特色社会主义进入新时代，人民的需求日益广泛、不断升级，在坚持公有制为主体的前提下，促进非公有制经济的发展，可以形成广泛而丰富的分工体系，创造出丰富多彩的物质和精神产品，推动社会生产的蓬勃发展，满足人民日益增长的美好生活需要。在社会主义市场经济环境下，公有制经济和非公有制经济平等竞争、优势互补、良性互动、共同发展。混合所有制经济为多种所有制经济的融合发展创造了一种新的有效形式。经过多年的深入改革，我国多数国有企业已经通过混合所有制改革实现了产权多元化，建立了现代企业制度，具有了混合所有制的性质，也有不少非公有制企业通过吸收公有资本发展成为混合所有制经济。混合所有制经济的发展，有力地推动了国有经济管理体制和治理结构的创新，增强了国有经济的活力，同时促进了非公有制经济的健康发展，体现出显著的制度优势。

充分发挥基本经济制度推动多种所有制经济共同发展的显著优势，需要进一步深化改革。首先，坚持公有制的主体地位和国有经济的主导作用，既要有量的优势，又要注重质的提高。要通过深化改革、优化调整、创新发展，不断优化国有经济布局，使国有企业逐步向关系国家安全、国民经济命脉、国计民生的重要行业和关键领域、重点基础设施集中，向前瞻性、战略性产业集中，向具有核心竞争力的优势企业集中，确保国有经济在关系国计民生的关键领域占据主导地位。其次，要深化国资国企改革，做强做优做大国有资本和国有企业，把二者有机统一起来。做强做优做大国有企业，就是要增强国有企业的自主创新能力、资源配置能力、市场开拓能力和风险管控能力，推动国有经济在培养关键核心技术等方面充分发挥作用；要进一步深化国有企业改革，优化公司治理，推动完善中国特色现代国有企业制度，提升国有企业的品牌形象、经营业绩和管理水平；做强做优做大国有资本就是要放大国有资本功能、提升国有资本竞争力，实现国有资本授权经营体制转为以管资本为主。再次，要进一步深化改革，探索市场经济环境下集体所有制的实现形式，大力发展新型农村集体经济，积极推进城镇集体经济的改革和发展。最后，要着力构建亲清新型政商关系，促进非公有制经济健康发展和非公有制经济人士健康成长。要弘扬企业家精神，通过减税、降费，解决民营企业融资难、融资贵等问题，营造公平竞争的环境，支持民营经济发展壮大；要认识资本特性和行为规律，给资本设置"红绿灯"，依法规范和引导资本健康发展。

新中国成立 70 多年来特别是改革开放 40 多年来，我们党领导人民创造了世所罕见的经济快速发展奇迹，这离不开公有制为主体、多种所有制经济共同发展的所有制结构的有力支撑。这一所有制结构，既坚持了公有制主体地位，又有效发挥了非公有制作用，调动了各类市场主体的积极性、主动性，发挥了各方面的优势。坚持公有制为主体、多种所有制经济共同发展是我国社会主义初级阶段必须坚持的长期方针政策，必须毫不动摇并不断加以完善。

（二）兼顾效率和公平促进共同富裕

习近平总书记在党的二十大报告中强调："江山就是人民，人民就是江山。中国共产党领导人民打江山、守江山，守的是人民的心。"明确指出实现全体人民共同富裕是中国式现代化的本质要求。改革开放以来，我国从实际出发，确立了按劳分配为主体、多种分配方式并存的分配制度。实践证明，这一制度安排既有利于调动广大劳动者的积极性、主动性、创造性，使全体人民共享改革发展成果，实现共同富裕，又有利于调动各类经济主体的积极性，让一切劳动、知识、技术、管理和资本的活力竞相迸发，让一切创造社会财富的源泉充分涌流，实现各尽所能、各得其所，使各种资源都能得到充分有效利用，实现效率与公平的有机统一，具有显著的优势。

按照辩证唯物主义和历史唯物主义，共同富裕只有在社会生产力充分发展的基础上才能实现，这是不以人的主观意志为转移的客观规律。因此，实现共同富裕必须兼顾效率和公平，通过牺牲效率来实现公平，只会导致"共同贫穷"，所实现的公平也是无意义的。通俗地说，实现共同富裕既要把"蛋糕"做大做好，又要把"蛋糕"切好分好。基于这一客观规律，实现共同富裕必定是目标和过程的统一，要在发展的过程中逐渐实现。这一过程必然带有两个特点：其一，共同富裕不是同步富裕，必然有先后的差别。城乡、地区、行业、个人之间客观上存在这样那样、或大或小的差距，不可能实现同步富裕。如果非要同步富裕，那就只有限制经济中条件更好的那部分人的发展速度，这无疑会阻碍社会生产力的发展。因此，邓小平指出，实现共同富裕要"先富带后富"，"一部分地区、一部分人可以先富起来，带动和帮助其他地区、其他的人，逐步达到共同富裕"①。其二，基于同样的原因，共同富裕不可能是同等富裕，必然有程度上的差别。如果否定客观存在的差距，实行分配上的平均主义，必然导致缺乏经济活力和效率，极大地抑制社会生产力的发展。"按劳分配为主体、多种分配方式并存"的分配制度能够实现效率与公平的有机结合，为共同富裕提供制度保障。

按劳分配是社会主义的分配制度，是社会主义经济制度的重要组成部分。一方面，按劳分配体现了人们在生产资料占有上的平等地位，排除了凭借对生产资料的所有权而占有他人劳动成果的可能，从而对实现共同富裕的目标具有重要意义；另一方面，按劳分配把每个劳动者的劳动和报酬

---

① 《邓小平文选》（第 3 卷），人民出版社 1993 年版，第 149 页。

直接联系起来，从而使每个劳动者从物质利益上关心自己的劳动成果，这有利于促进社会生产力的发展。总之，按劳分配既要求反对平均主义，又要求反对贫富两极分化，兼顾了效率和公平的要求，具有巨大的制度优越性。在社会主义市场经济中，除生产资料公有制范围内的按劳分配方式以外，还存在按生产要素分配的方式。生产要素的所有者根据要素的贡献参与分配，有利于准确反映资源的稀缺状况，提高资源配置效率，有利于调动各经济主体的积极性，让一切劳动、知识、技术、管理和资本的活力竞相迸发，让一切创造社会财富的源泉充分涌流，各种资源都能得到有效利用。

充分发挥基本经济制度兼顾效率和公平促进共同富裕的显著优势，需要进一步深化收入分配制度改革。改革开放以来，我国人民生活水平不断提高和改善，但由于发展阶段的客观原因以及体制机制的不完善，城乡之间、地区之间、行业之间以及不同社会成员之间收入分配差距逐渐拉大，已经成了制约我国改革发展、影响社会和谐稳定、妨碍社会主义制度优越性发挥的一个突出瓶颈。必须按照社会主义的分配原则，不断完善我国的收入分配制度，调节收入分配关系，缩小收入分配差距，扎实推进共同富裕。党的十八大以来，以习近平同志为核心的党中央把脱贫攻坚摆到突出位置，集全党全国之力向贫困宣战，经过 8 年持续奋斗，脱贫攻坚目标任务如期完成，我国历史性地消除了绝对贫困和区域性整体贫困。站在新的起点上，2020 年党的十九届五中全会向着更远的目标谋划共同富裕，提出了"全体人民共同富裕取得更为明显的实质性进展"的目标，并提出了实现这一目标的基本思路，概括起来就是：坚持按劳分配为主体、多种分配方式并存，通过健全完善三次分配机制、改善收入和财富分配格局，努力实现居民收入增长和经济增长同步、劳动报酬增长和劳动生产率提高同步。

首先，在初次分配领域，促进实现更加充分更高质量就业，健全工资合理增长机制，提高劳动报酬在初次分配中的比重。提高工资收入，按照市场机制调节、企业自主分配、平等协商确定、政府监督的原则形成工资决定机制，使工资反映劳动力市场供求关系和企业经济效益。根据经济发展和物价水平变化，适时调整工资标准，督促企业严格执行。维护职工利益，建立稳定和谐的企业劳资关系。提高农民收入，完善各项强农惠农政策，多渠道增加农民家庭经营收入。其次，在再分配领域，规范分配秩序，加大调节力度，扩大中等收入群体，增加低收入者收入，调节过高收入，取缔非法收入，逐步形成橄榄型分配格局。健全以税收、社会保障、转移支付等为主要手段的再分配调节机制，加大税收、社保、转移支付等调节力度和精准性，财政政策要更好地发挥再分配调节功能。加大财政转移支付向低收入群体的倾斜，加快推进基本公共服务均等化，使全体人民在幼有所教、劳有所得、病有所医、老有所养、住有所居上持续取得新进展。再次，发挥好第三次分配的调节作用。积极发展社会慈善事业，建立健全鼓励和引导社会捐赠的相关制度和政策，吸纳社会资金帮助困难群体，改善收入和财富分配格局。最后，完善市场机制，打造平等竞争环境。形成公开透明的市场准入机制，鼓励平等竞争，建立健全防范治理垄断和不正当竞争的监管体制，防止由于企业垄断行为和资本无序扩张而导致分配上的混乱和不合理的收入差距。

（三）保障政府与市场双重作用

社会主义市场经济是与社会主义基本制度相结合的新型市场经济，或者说是社会主义性质的市场经济。理论和实践都充分证明，社会主义可以而且应该实行市场经济，把市场经济的长处和社会主义制度的优越性有机结合起来。中国经济体制改革沿着所有制和经济运行机制两条主线进行，多种所有制共同发展构筑了市场经济体制运行的基础，而市场化改革则进一步使各种所有制经济的活力竞相发展。[①] 社会主义基本经济制度能够把

---

① 张卓元：《中国经济改革的两条主线》，《中国社会科学》2018 年第 11 期。

有效市场和有为政府有机结合起来，具有显著的制度优势。一方面，可以充分利用市场机制的优点，使经济活动遵循价值规律的要求，适应供求关系的变化；通过价格杠杆和竞争机制，优化资源配置，激励企业不断创新，实现优胜劣汰。另一方面，可以发挥社会主义制度的优势，在生产资料社会占有的基础上，克服市场经济的盲目性、自发性和滞后性等内在缺陷，实现全体人民的共同富裕。

回顾历史，社会主义的制度优势，在不同的制度条件下有不同的实现方式，集中体现为政府与市场的关系。新中国成立初期，为迅速改变"一穷二白"状况，在事关国家长治久安、国计民生、科技进步等重要工程、重大项目上采用举国体制并取得巨大成就。聚全国科技核心力量，依靠中国人自己力量，创造了"两弹一星"史诗般奇迹；举国聚力进行重点工业项目建设，奠定了中国比较完整的工业体系的重要基础，也奠定了我国今天在全球产业链、供应链的国际分工体系重构中具有自主、稳定、安全可控的产业韧性基础。回望过往，全国范围内统一配置资源的举国体制，是与新中国建国初期资源匮乏、基础薄弱、人才短缺的国力初始条件相适应的，发挥了社会主义国家能集中力量办大事的制度优势。然而，这一体制过于依赖政府的行政动员和集中计划调配能力，较少把市场配置资源的因素纳入决策视野，容易导致资源要素配置模式的僵化固化。另一方面，随着市场经济的发展，公有制经济不再能够"一统天下"，非公有制经济掌握了大量的人力、物力、财力，在这种情况下，如果仍然单纯依靠公有制经济，不能有效组织和动员非公有制经济力量，无疑是存在重大漏洞的。但是，在市场经济条件下对非公有制经济的动员，不能使用自上而下的命令方式，而是必须探索多样化的实现方式，更多地利用市场机制和经济杠杆[①]。可见，在市场经济条件下，社会主义制度优势的发挥必须探索新的

---

① 李萍、田世野：《习近平精准扶贫脱贫重要论述的内在逻辑与实现机制》，《教学与研究》2019 年第 2 期。

形式，特别是重塑政府与市场的关系。必须在坚持社会主义基本经济制度的基础上，进一步完善体制机制，努力推动形成政府和市场的有机统一、相互补充、相互协调、相互促进的格局。正如党的十九届五中全会指出的，"坚持和完善社会主义基本经济制度，充分发挥市场在资源配置中的决定性作用，更好发挥政府作用，推动有效市场和有为政府更好结合"。

有效的市场，就是要充分发挥市场在资源配置中的决定性作用，充分发挥市场在信息传递、激励创新、调节供求等方面的优势，围绕更加尊重市场规律和增强市场活力推进相关领域的改革，进一步简政放权，大幅度减少政府对资源的直接配置，激发各类市场主体活力，建设高标准的市场体系。要夯实市场体系基础制度，保障市场公平竞争，建设高标准市场体系。健全归属清晰、权责明确、保护严格、流转顺畅的现代产权制度，加强产权激励。坚持平等准入、公正监管、开放有序、诚信守法，形成高效规范、公平竞争的国内统一市场。实行统一的市场准入负面清单制度，继续放宽准入限制。建立健全统一开放的要素市场，推动土地、劳动力、资本、技术、数据等要素市场化改革，加快建立规范、透明、开放、有活力、有韧性的资本市场，推进要素价格市场化改革。要完善构建亲清新型政商关系的政策体系，优化政企沟通渠道，激发民营企业活力。

建设有为政府，就是要更好发挥政府作用，坚持党对经济工作的集中统一领导，不断提高驾驭社会主义市场经济的能力和水平；坚持完善政府经济调节、市场监管、社会管理、公共服务、生态环境保护等职能。要加快完善社会主义收入分配制度，促进城乡、区域、行业的协调均衡发展，扎实推进共同富裕。要把促进农民农村共同富裕作为重中之重，强化以工补农、以城带乡，推动形成工农互促、城乡互补、协调发展、共同繁荣的新型工农城乡关系；要持续深化东西部协作和对口支援、中央单位定点帮扶，加强区域合作，增强区域发展的平衡性和协调性；财政转移支付更加注重向农村、基层、欠发达地区倾斜，进一步改善中西部地区的投资环境和营商环境。要创新和完善宏观调控，进一步提高政府的宏观经济治理能力，要从以往注重速度增长、数量增加、规模扩大转向推动质量变革、效率变革、动力变革，促进经济总量平衡、结构优化、内外均衡。要制定和运用国家中长期发展规划指引经济发展，着力发挥国家发展规划的战略导向作用，运用接续的中长期规划指导经济社会持续健康发展。财政政策要更好地发挥再分配功能和激励作用，进一步理顺中央和地方关系，激发地方积极性，明确中央和地方政府事权与支出责任，完善现代税收制度。财政政策要更好地发挥调节货币供应量和服务实体经济的作用，强化有效防范系统性金融风险能力和逆周期调节功能，增强金融政策普惠性，提升金融服务实体经济的能力。要突出产业政策的战略引领作用，强化对技术创新和结构升级的支持，加强产业链基础，着力抓重点、补短板、强弱项，提高产业链现代化水平，健全推动发展先进制造业、振兴实体经济的体制机制。全面完善科技创新制度和组织体系，加强国家创新体系建设，构建社会主义市场经济条件下关键核心技术攻关的新型举国体制。充分发挥基本经济制度的优越性，必须坚持和完善党对经济工作的全面领导，确保我国社会主义现代化建设正确方向，确保拥有团结奋斗的强大政治凝聚力、发展自信心。要落实新时代党的建设总要求，坚定不移全面从严治党，深入推进新时代党的建设新的伟大工程。要深入推进改革创新，着力破解深层次体制机制障碍，不断彰显中国特色社会主义制度优势，不断增强社会主义现代化建设的动力和活力，把我国制度优势更好转化为国家治理效能。

第二章 社会主义基本经济制度的历史演进

社会主义基本经济制度在经济制度体系中具有基础性决定性地位，是中国特色社会主义制度的重要支柱。新中国成立以来，社会主义基本经济制度的历史演进，经历了从新中国成立初期的建设探索，到改革开放和社会主义现代化建设新时期的发展完善。经过 70 余年的探索，在党的十九届四中全会上确立了公有制为主体、多种所有制经济共同发展，按劳分配为主体、多种分配方式并存，社会主义市场经济体制"三位一体"的社会主义基本经济制度。这是中国共产党在坚持马克思主义基本理论指导下，对社会主义基本经济制度不断调整以适应生产力发展的实践成果，实现了对社会主义基本经济制度内涵的重要发展和深化。党的十八大以来，习近平经济思想明确坚持和完善社会主义基本经济制度是我国经济发展的制度基础，将党和政府对基本经济制度的认识提高到一个新境界。

一、推进公有制为主体多种所有制经济共同发展

公有制为主体、多种所有制经济共同发展，是实现社会主义一切目标的制度基础和前提性框架，决定着我国基本经济制度的根本性质和发展方向。新中国成立以来，我国生产资料所有制的改革主要围绕所有制结构的改革、改变公有资本组织形式和公有制企业运营方式、协调公有制与非公有制之间关系等方面展开，经历了"建立公有制为主体的所有制"，"探索公有制为主体、多种所有制共同发展"，以及"坚持两个'毫不动摇'，

做优做强市场主体"三个阶段，不断推动各种所有制经济平等健康发展。

（一）构建以公有制为主体的社会主义经济制度基石

我国社会主义基本经济制度的历史探索是从社会主义所有制结构调整和公有制实现形式的创新开始的。生产资料所有制决定了社会制度的核心内容，建设社会主义首先就要建设和发展公有制。新中国成立初期，新中国面临的重要任务即是解放土地，恢复长期被战乱破坏的国民经济。在农村，依据1950年正式颁布的《中华人民共和国土地改革法》，从1950年到1952年有计划有组织地开展土地改革，政府通过没收封建地主阶级的土地，以无偿的方式平均地权，分给广大农民，将农村土地制度由封建土地所有制向农民土地所有制转变。在土地所有制改革的同时，发展个体经济和劳动互助两种模式，为农业社会主义改造道路作铺垫。在城市，我国对私人工商业和个体经济采取保护和引导发展的政策，通过没收官僚资本归国家所有和保护民族资本，在短期内构建起以国营经济为主体、民族资本主义工商业为重要组成的国民经济体系。通过改革，在生产资料所有制方面，实现了以公有制占主体，私有制以及国家资本与私人资本合作的混合所有制共存的模式。这种所有制结构适应了新中国成立初期的特殊需求和落后的生产力状况，国家掌握了经济命脉，为向社会主义社会过渡奠定了物质基础。

在1953年过渡时期总路线确立以后，社会主义三大改造很快在全国范围内有序展开。为满足国家工业化所需要的农产品需求，迅速提高农业生产力，持续推进合作化的方式，在农业互助组的基础上采取初级农业合作社的过渡模式，建立具有社会主义性质的高级农业生产合作社。在手工业领域，手工业的社会主义改造以手工业工人、手工业独立劳动者和家族手工业者为主要改造对象，采取生产合作社的方式将手工业者组织起来，旨在将手工业的小私有制逐步改变为半私有制，再从半私有制发展到公有制。生产合作社的组织形式从社员自愿参与、自由退出的手工业生产小组发展到具有半社会主义性质的手工业供销合作社，最后形成以集体所有制为基础的具有社会主义性质的手工业生产合作社。资本主义工商业的社会主义改造根据利用、限制、改造的政策，采取和平赎买的方式实现资本主义工商业的公私合营，利用国家资本主义的过渡形式，将民族资本主义私有制企业逐步改造成社会主义公有制企业。据统计，到1956年底，全面所有制、集体所有制经济和公私合营经济占比高达92.9%，个体经济占比仅为4.1%[①]，我国基本完成了生产资料所有制的社会主义改造，进入了公有制占主导地位的社会主义阶段。

　　三大改造完成以后，全民所有制经济、集体所有制经济成为绝对主体，为国民经济的快速恢复和发展，发挥了不可磨灭的作用。一是农村土地集体所有制发挥出了强大的动员能力，通过新修农田水利设施、土地平整和深翻改土等，极大改善了农业生产条件。二是从推进工业化角度看，当时农村采用集体所有制是历史的必然选择，有效地调动了农村资源，筑牢了农业生产体系，创造了大量的农业剩余，集中物资、人力优先发展重工业，为迅速实现工业化提供了有力支撑。据国家权威机构测算，从1952年到1978年底，我国农业部门为工业部门提供了5100亿元左右的资金积累。三是单一公有制的确立，使中国在较短时间内建立起相对完善的工业体系和国民经济体系，为国家优先发展重工业，实现"一五"计划、"二五"计划奠定了所有制基础。单一公有制符合建立社会主义工业化国家和迅速摆脱贫困的需要，对生产力的发展具有促进作用。只不过当时缺乏社会主义建设的经验，经济建设的道路很大程度上是对"苏联模式"的模仿，在集体所有制的实现形式上从初级合作社很快过渡到高级合作社，接着迅速实现人民公社化，运用行政命令组织农业生产，形成了政社合一的体制和在生产经营层级只统不分的格局，导致生产关系超越了生产力发展的需要，反而严重束缚了我国农业生产力的发展。直至1978年，我国工

---

　　① 胡绳：《中国共产党的七十年》，中共党史出版社1991年版，第359页。

业企业基本实现了全民所有制和集体所有制,公有制经济占全国工业总产值的比重为 100%,个体经营户仅 14 万户,从业人员 15 万人,私营经济和外资经济基本消失殆尽①。盲目追求"一大二公三纯"的所有制形式,将非公有制经济视为社会主义的异己物和不稳定因素,违背了经济发展的客观规律,束缚了人民群众建设社会主义的活力和创造力,致使社会主义制度的优越性无法充分体现。

(二)探索公有制为主体、多种所有制共同发展格局

为改变落后的生产力,1978 年底党的十一届三中全会召开,在解放思想、实事求是的精神指导下,全会决定把全党的工作重心转移到经济建设上来,开启了中国改革开放的历史进程。为了要走自己的道路,建设有中国特色的社会主义,中国共产党对什么是社会主义、怎样建设社会主义展开了深入探索。中国共产党在坚持社会主义制度的前提下,改革了生产关系和上层建筑中不适应生产力发展的部分。在所有制方面,个体经济、私营经济和外资经济等多种所有制经济形式的合法地位逐步得到承认,改变了单一公有制,逐步建立起以公有制为主体、多种所有制经济共同发展的格局。

所有制结构的改革始于生产力落后的农村。为了摆脱贫困,解决温饱问题,1978 年小岗村 18 位农民在"大包干"的契约上按下红手印,相约"包产到户"。"包产到户"下"交够国家的、留足集体的,剩下都是自己的"的分配模式,有效调动了农民生产积极性,成为我国农村经济制度的重大创新。党的十一届三中全会确立了以经济建设为中心的政治路线,坚定了农民走家庭联产承包责任制的道路。根据农民家庭收支抽样调查资料,1980 年我国农民家庭人均纯收入为 191.3 元,到 1983 年则增至 309.8

---

① 王东京:《新中国成立以来基本经济制度形成发展的理论逻辑与实践逻辑》,《管理世界》2022 年第 3 期。

元；同时，全国粮食产量连续增加，从 1978 年的 3000 多亿公斤增加到了 1982 年的 3500 亿公斤，在 1984 年又增加到了 4000 亿公斤。[①] 事实证明，农村的所有制结构改革适应了当时生产力发展的需求。同时，党的十一届三中全会公报还提出"社员自留地、家庭副业和集市贸易是社会主义经济的必要补充部分"，要积极发展农村社队副业，放宽对非公有制经济的限制，也有效促进了个体经济的恢复和发展，打破了原有单一的公有制结构。随着农村家庭联产承包责任制的施行，农村劳动力得以解放，促使个体经济兴起，为随后乡镇企业的发展提供了劳动力源泉，进一步发展了多种所有制经济成分，活跃了市场氛围。

在城市，所有制结构改革始于鼓励个体经济的发展。在粉碎"四人帮"后，大批知青返城，而国有企业的效益欠佳，难以安排大量的返城人员。为此，国家制定发展个体经济的政策，允许自谋职业。随着个体经济力量的壮大，公有制和非公有制之间的对立关系逐渐发生改变。1981 年 6 月，党的十一届六中全会指出，社会主义生产关系的发展并不存在一套固定模式，我们的任务是要根据我国生产力发展的要求，在每一个阶段创造出与之相适应和便于继续前进的生产关系。进而提出了国营经济和集体经济是我国基本的经济形式，一定范围内的劳动者个体经济是公有制经济的必要补充。首次承认了个体经济的存在，实现了公有制经济和非公有制经济由对立到共存的转变。1982 年，第五届全国人大第五次会议将"在法律规定范围内的城乡劳动者个体经济，社会主义公有制经济的补充"写入《中华人民共和国宪法》，从法律层面肯定了个体经济合法的地位，保障了个体经济的合法权利和利益。此后，在政策引导和法律保障的基础上，个体经济实现快速发展，部分雇工"大户"的个体经济逐步转化成为私营经济，全民、集体、个体、私营经济相互之间灵活多样的合作经营和经济联

---

① 张厚义、明立志：《中国私营企业发展报告（1978—1998）》，社会科学文献出版社 1999 年版，第 5、第 6、第 35 页。

合发展起来，推动了外商来我国合资兴办企业，促进了不同经济成分合作经营和经济联合。这段时期，我国的个体经济工业总产值从 1981 年的 1.9 亿元增长到了 1992 年的 2006 亿元，总量增长了 1000 多倍。①

随着我国所有制结构逐步调整，公有制经济和非公有制经济在发展经济、促进就业等方面的比重不断变化，在这种情况下，如何更好体现和坚持公有制主体地位，进一步探索基本经济制度有效实现形式，是摆在我们面前的一个重大课题。为了提高国有企业的劳动生产率，我国对公有制企业进行了尝试性改革。如四川省国有企业探索扩权让利改革、以首钢为代表的一些企业实行利润包干的经济责任制。只是这些有益探索范围小，进程也比较慢。为了加快以城市为重点的整个经济体制改革的步伐，1984 年 10 月召开的党的十二届三中全会提出将改革的重心从农村转移到城市，并确立了"要使企业真正成为相对独立的经济实体，成为自主经营、自负盈亏的社会主义商品生产者和经营者，具有自我改造和自我发展的能力，成为具有一定权利和义务的法人"的改革目标，国企改革顺势成为"整个经济体制改革的中心环节"，带动起整个经济体制的发展。此后，为了巩固公有制的主体地位，兼顾发展多种所有制经济，国家又出台系列方针政策，调整发展国有企业和民营企业，激发市场活力。

一是持续推动国有企业改革。国有企业作为我国社会主义公有制经济的最佳组织载体，能实现服务于人民的根本和长远利益。而对国有企业的改革一方面是需要保证国有企业基础地位不动摇，保障公有制经济的控制力和竞争力；另一方面还要适当减少国有企业在经济总量中的比重，实现公有制形式的多样化。为此，1987 年 10 月，党的十三大提出，除了全民所有制、集体所有制以外，还应发展全民所有制和集体所有制联合建立的公有制企业，以及各地区、部门、企业互相参股等形式的公有制企业。

---

① 国家统计局工业统计司编《中国工业经济统计年鉴》，中国统计出版社 2017 年版，第 18 页。

1992 年，党的十四大进一步提出了完善国有企业经营承包制度，积极推
进股份制改革，使国有资本和集体资本、非公有资本相互融合，不断形成
新的发展优势等具体措施。此后，国有企业经历战略性重组、优化资产结
构、抓大放小等改革，在改革中做到"有进有退"，在保障国有企业主体
地位的同时也为民营经济提供了空间。为了深化国有企业改革，实现公有
制形式的多样化，2002 年，党的十六大提出，除极少数必须由国家独资
经营的企业外，积极推进股份制，发展混合所有制经济。在允许的生产经
营范围内，"使股份制成为公有制的主要形式"①。据统计，截至 2011 年，
全国 90% 以上的国有企业完成了公司股份制改革，建立起股东会、董事
会、经理层和监事会等机构。改革将国有企业与探索公有制的实现形式紧
密结合起来，转换了经营机制，提高了经济效益。

二是大力推动非公有制经济发展。在公有制经济得到发展的同时，非
公有制经济在为大型企业提供配套服务、促进就业、科技创新、激发市场
活力等方面发挥着举足轻重的作用。虽然私营经济存在雇佣劳动关系，但
是在社会主义条件下，私营经济必然同占优势的公有制经济相联系。就发
展程度而言，党的十三大提出，目前全民所有制以外的其他经济成分，不
是发展得太多了，而是还很不够。此次会议不仅指明了继续发展多种所有
制经济的方向，并且指出中外合资合作企业、合作经营企业和外商独资企
业是公有制必要的和有益的补充，肯定了私营经济、"三资"企业的地位。
党对社会主义所有制结构的认识，由个体经济作为必要的补充发展为私营
经济、"三资"企业等非公有制经济都是公有制经济必要的和有益的补充。
政策环境不断变得宽松使个体经济、私营经济等多种形式的非公有制经济
迅速发展起来。在 1992 年邓小平发表南方谈话以后，对制度判断的标准
确立为主要看是否有利于发展社会主义社会的生产力，这为大力发展多种

---

① 亓为康、丁涛：《中国共产党百年所有制改革：历史轨迹、理论逻辑与实践遵循》，《改
革与战略》2021 年第 11 期。

所有制经济提供了更坚实的政策依据。随着多种所有制经济的快速发展，多种所有制经济之间的关系日益密切，党的十四大适时提出，以公有制包括全民所有制和集体所有制经济为主体，个体经济、私营经济、外资经济为补充，多种经济成分长期共同发展，不同经济成分还可以自愿实行多种形式的联合经营。这为跨所有制的联营、并购、重组扫清了障碍。党的十四大还把所有制结构的调整与建立社会主义市场经济体制联系起来，确立了多种经济成分长期共同发展的方针。至此，中国社会主义初级阶段的多种所有制经济结构已然形成。在国有经济和集体经济，个体、私营、外资经济同时发展下，随着产权的流动和重组，财产混合所有的经济单位越来越多，逐渐形成新的财产所有结构。混合所有制经济放大了国有资本的功能、优化了社会资本的配置，提高了企业的效率，增强了国有企业的竞争力，实现了各种所有制资本取长补短、相互促进和共同发展，成为我国所有制结构改革的新趋势。

从当时的国际形势来看，1997年亚洲金融危机爆发，促使政府加大对内改革，扩大对外开放，促进国内经济进一步同国际接轨。为此，在所有制方面，我国在坚持公有制经济主体地位、发展多种所有制经济和发展混合所有制经济等方面作出了进一步的规范和推动。1997年，党的十五大正式提出，把公有制为主体、多种所有制经济共同发展确立为我国社会主义初级阶段的一项基本经济制度。要求健全财产法律制度，依法保护各类企业的合法权益和公平竞争，对它们进行监督管理。非公有制经济的地位上升至基本经济制度的层面，使非公有制经济由社会主义经济必要的和有益的补充转为社会主义市场经济的重要组成部分，对非公有制经济的政策也由方针上升到了基本制度，标志着社会主义基本经济制度的重大理论发展，所有制结构进入调整和完善期。2002年，党的十六大创新性地提出，"毫不动摇地巩固和发展公有制经济""毫不动摇地鼓励、支持和引导非公有制经济发展"。这就彻底摒弃了公有制与非公有制之间对立的认识。此后，这一论断出现在多次党代会中，"两个毫不动摇"成为我国推动社会主义市场经济所有制结构改革的重要政策，对非公有制经济的发展提供了稳定的政策环境，创造了良好的营商环境。为了加强对非公有制经济的肯定和扶持，2003 年 10 月，中央出台了《中共中央关于完善社会主义市场经济体制若干问题的决定》，要求清理和修订限制非公有制经济发展的法律法规和政策，消除体制性障碍；放宽市场准入；非公有制企业在投融资、税收、土地使用和对外贸易等方面，与其他企业享受同等待遇。在 2007 年 3 月，第十届全国人大第五次会议审议通过《中华人民共和国物权法》，明确国家、集体、私人的物权和其他权利人的物权受法律保护。同年，党的十七大报告在重申"两个毫不动摇"的基础上，提出坚持平等保护物权，形成各种所有制经济平等竞争、相互促进的新格局。这些法律和政策不仅明确了民营经济的合法性、必要性，为其发展提供了必不可少的政治空间，也保障了公有制经济和非公有制经济地位的平等性。在非公有制经济发展起来的同时，也产生了资本监督管理的问题。为此，党中央提出要发挥公有制经济对非公有制经济的带动和示范作用，防止资本的无序扩张，反对垄断和不正当竞争行为。这些政策方针不断丰富了所有制理论，消除了私有化和单一公有制错误思潮的影响，也限制了资本带来的负面效应。在这些政策的推动下，我国城乡私营经济就业人数不断增长。在生产力发展下调整的生产关系，又反过来促进了生产力进步，建立起了公有制经济和非公有制经济相互竞争、互相合作、共生共荣的双赢格局。

（三）坚持"两个毫不动摇"，激发市场主体新活力

改革开放以来，为了更好发挥市场在资源配置中的作用，党和政府一直非常重视市场主体的自主、平等与共同发展。实践证明，坚持以公有制为主体、多种所有制经济共同发展，有力地促进了非公有制经济快速增长。2012 年 11 月，党的十八大在继续强调"两个毫不动摇"的基础上指出，"要毫不动摇巩固和发展公有制经济，推行公有制多种实现形式，深化国有企业改革，完善各类国有资产管理体制，推动国有资本更多投向关

系国家安全和国民经济命脉的重要行业和关键领域，不断增强国有经济活力、控制力、影响力。毫不动摇鼓励、支持、引导非公有制经济发展，保证各种所有制经济依法平等使用生产要素、公平参与市场竞争、同等受到法律保护"。过去的中央文件中，只提非公有制经济是社会主义市场经济的重要组成部分，而十八大将公有制经济和非公有制经济并列而提，表示两者在资源配置中具有平等地位。而对于混合所有制的改革，通过了一个阶段的再国有化探索以后，并未取得较好的效果，进而，2013 年党的十八届三中全会提出"混合所有制经济是基本经济制度的重要实现形式"，鼓励非公有制企业参与国有企业改革，把非公有制经济的地位和作用提到了一个新的高度，并在"两个毫不动摇"的基础上提出"两个都是"，即公有制经济和非公有制经济都是社会主义市场经济的重要组成部分，都是我国经济社会发展的重要基础。"两个都是"巩固了"两个毫不动摇"，也代表着党对非公有制经济认识的深化。此后，经过 2016—2019 年的多轮国企改革，我国公有制的主体地位获得了进一步的巩固，国有企业整体实力增强，且主导着核心产业部门。在深化国有企业改革的同时，我国的非公有制经济也获得了相当程度的发展。截至 2017 年底，我国民营企业数量超过 2700 万家，个体工商户超过 6500 万户，注册资本超过 165 万亿元。①

非公有制经济经过 40 多年的发展，已为我国的就业创业、技术创新、国家税收、政府职能转换和国际市场开拓作出了重要贡献，公有制经济和非公有制经济都成为我国市场经济的重要主体。为了推动二者共同发展，党和政府在产权保护、市场准入、公平竞争等方面，不断进行制度调整，适应发展需求。2014 年，党的十八届四中全会提出，要"健全以公平为核心原则的产权保护制度，加强对各种所有制经济组织和自然人财产权的保护，清理有违公平的法律法规条款"。这一提法再次强调了非公有制经

---

① 郝全洪编《新时代经济关键词（2019）》，人民出版社 2019 年版，第 64 页。

济与公有制经济同样具有平等地位，保障非公有制经济财产权和公有制财产权都不可侵犯。2015 年，中共中央、国务院发布了《关于深化国有企业改革的指导意见》，逐渐形成了以该意见为统领、以 35 个配套文件为支撑的"1＋N"政策体系，推进了公司制改制的全面完成，市场化经营机制加快建立健全，混合所有制改革更加积极稳妥，加快了管企业向管资本的转变，进一步突出管资本的职能。2017 年，党的十九大报告强调："全面实施市场准入负面清单制度，清理废除妨碍统一市场和公平竞争的各种规定和做法，支持民营企业发展，激发各类市场主体活力。"这些方针政策都旨在放宽市场准入、消除隐性壁垒，确保国有经济和民营经济权利平等、机会平等、规则平等，激发民营经济的活力和创造力。2020 年，第十三届全国人大第三次会议提出实施国企改革三年行动，以提升国资国企改革综合成效，优化民营经济发展环境。至 2020 年，中央企业中混合所有制企业占比超过 70％，地方国有企业混合所有制占比达到 54％，上市公司已经成为国有企业混合所有制改革的主要形式。随着混合所有制改革的不断推进，国有企业逐渐发展成为具有核心竞争力的市场主体。综观当前文件，已不再强调公有制经济和非公有制经济，而是统称市场主体，可见，随着公有制经济的市场化和非公有制经济的发展，公有制经济与非公有制经济越发平等，都成为社会主义制度的重要组成部分。

此外，做优做强市场主体还包括在农村领域推进农村产权制度改革，发展新型经营主体。首先，针对农村劳动力流失，农村土地撂荒等问题，2013 年提出土地"三权分置"制度，并展开确权登记，在土地承包经营权上派生出了土地经营权，赋予了农民土地流转的权利，保障了农户的财产权益，推动了新型经营主体的兴起；其次，针对在农村改革的过程中，强调农户"分"的权利，而忽视了集体经济的"统"，导致"分有余而统不足"，农民的集体权利难以得到保障的问题，2016 年 12 月 26 日，中共中央、国务院印发《关于稳步推进农村集体产权制度改革的意见》，对农村集体产权制度改革作了总体部署，通过对农村集体产权制度的改革，以适应健全社会主义市场经济体制新要求，适应城乡一体化发展趋势。农村集体产权的改革增加了农民财产性收入，引领农民实现共同富裕。① 2021年底，农村集体产权制度改革阶段性任务基本完成，明晰了农村产权归属，全面确认了农村集体经济组织成员身份，稳步推进了经营性资产股份合作制改革，把经营性资产以份额或股份形式折股量化到每一个成员身上，充分保障了每一个成员的权利。

总的说来，所有制的问题是关乎社会性质和发展方向的根本性问题。中国共产党在坚持马克思主义所有制理论的基础上，不断根据生产力发展需要，调整公有制与非公有制之间的关系，优化公有制结构，最终探索出了一条适合本国国情的发展道路。历史经验表明，在新中国成立以后，要迅速实现从农业国向工业国转变，建立独立完整的工业体系并迅速推进工业化，采用"国家所有制"和"集体所有制"是必要的；而进入工业化中后期，则需调动一切积极因素参与现代化建设，必须在坚持公有制为主体的前提下，鼓励多种所有制经济共同发展。在进入社会主义现代化建设时期，公有制经济作为社会主义制度优越性的集中体现，对促进劳动关系和谐、分配公平乃至最终实现共同富裕具有决定性的作用。同时，非公有制经济在稳定经济增长、扩大居民就业、增加财政税收、改善民生福祉等方面也发挥了重要作用，在深化改革中需要进一步进行体制机制创新，更好地激发市场主体活力。当前，随着我国经济的发展、工业体系的完善和生产力的提高，我国的所有制形式呈现出交叉发展的趋势，混合所有制经济把国有企业的实力和民营企业的活力结合起来共同发展，适应了我国社会化大生产和生产力多层次、不平衡发展状况的需要。公有制经济与非公有制经济逐渐融合为一个有机整体，做到你中有我、我中有你、取长补短、相互促进。面对构建新发展格局，推动高质量发展的需求，党的二十大强调，要坚持和完善社会主义基本经济制度，毫不动摇巩固和发展公有

---

① 张红宇：《深入推进农村集体产权制度改革》，《农村工作通讯》2020年第4期。

制经济，毫不动摇鼓励、支持、引导非公有制经济发展。2023 年《政府工作报告》进一步提出，"深化国资国企改革，提高国企核心竞争力。坚持分类改革方向，处理好国企经济责任和社会责任关系，完善中国特色国有企业现代公司治理。依法保护民营企业产权和企业家权益，完善相关政策，鼓励支持民营经济和民营企业发展壮大，支持中小微企业和个体工商户发展，构建亲清政商关系，为各类所有制企业创造公平竞争、竞相发展的环境，用真招实策稳定市场预期和提振市场信心"。这将进一步推动公有制为主体多种所有制经济共同发展，切实落实"两个毫不动摇"。

二、推进按劳分配为主体、多种分配方式并存

在马克思主义分配理论的指导下，中国共产党领导我国分配制度不断改革。我国分配制度经历了从生产资料的分配到劳动成果的分配，从按人口平均分配到单一的按劳分配，再到按劳分配与多种分配方式同时存在，最后到按劳分配与按生产要素分配相结合以及进一步细化完善的过程。根据生产力水平的不断提升，我国分配制度的演进历程大体经历了建立保障人民当家作主的分配制度、建立改善人民生活的分配制度和建立实现人民共享共富的分配制度三个阶段。这一演进历程体现了中国共产党在发展中不断探索与所有制相契合以及与我国国情、发展阶段相契合的分配制度。

（一）建立人民当家作主的新型分配制度

在新中国成立后至三大改造完成前，国家处于社会主义改造期和国民经济调整恢复期，在有限的生产力基础上，要实现快速推进工业化的基本发展目标，就要求党和政府调动一切可使用的资源，提高生产者的积极性，快速推进生产力发展。基于此，中国共产党根据革命的任务和形势推进"没收官僚资本"。这一阶段国营经济、个体经济、合作社经济、资本主义经济共同存在，为多种分配方式并存提供了所有制基础。中国共产党

提出在分配方面实行公私兼顾、劳资两利、劳动致富等多种方式并存的收入分配政策，实行供给制和货币工资制以及按生产要素分配并存的混合分配制度。这一分配制度具有较强的灵活性，有效提高了生产者的积极性，保障了分配环节和消费环节的基本稳定。

随着 1956 年社会主义三大改造的完成，我国确立了以生产资料公有制为基础的社会主义基本经济制度。全面的生产资料公有制取缔了私人资本等其他要素取得报酬的基础。在传统计划经济体制下，实行按劳分配即凭借劳动贡献参与分配的社会主义分配制度成为唯一可行的个人收入分配方案。尤其是在农村，建立在土地和主要生产资料集体所有制基础上的高级农业生产合作社和人民公社，实行单一的按劳分配制度，将劳动力划分为不同类型，根据劳动量确定工分，年终时根据集体生产剩余计算工分值，最后根据个人全年工分总额分配劳动报酬。随着农村初级社、高级社的建立，以及 1956 年国务院出台《关于工资改革的决定》《关于工资改革实施方案程序的通知》等工资改革的文件，我国基本确立了全面公有制下的按劳分配方式。

按劳分配作为社会主义基本制度，对于中国特色社会主义经济建设具有深远的意义。一是按劳分配制度的确立，实行多劳多得、不劳不得，保障了社会各成员之间公平与平等的社会关系，实现了公平与正义的分配关系；二是在物资极度匮乏条件下，按劳分配的分配制度适应了当时生产力发展状况，确保了我国城乡 6 亿人平等地分享消费品，保障了人民基本生活；三是按劳分配尊重每个劳动者对社会作出的实际贡献，建立起一定的激励机制，提高了劳动者的积极性。

（二）构建改善人民生活的分配制度

改革开放以后，中国的经济体制改革，无论是农村联产承包责任制改革还是其后的城市国有企业改革，都是以"扩权让利"和分配体制改革拉开改革的大幕。收入分配制度的改革首先从农村开始，随着家庭联产承包责任制的推行，家庭联产承包责任制下的包干制取代原来的工分计酬制，农民获得了经济"剩余索取权"，按劳分配原则得到实质性执行。在城市，党和国家则开始有条件、有计划地恢复国有企业奖金奖励制度和计件工资制度，国有企业内部的收入分配制度也开始调整，实行责、权、利相结合，通过承包等多种形式实现经济责任制，职工劳动与劳动成果紧密结合，打破了平均主义。与此同时，个体经济、私营经济等所有制形式逐渐兴起，原有劳动关系的变化和新的劳资关系的产生，引起国民经济和国民收入分配格局的改变。一是在市场作用下，在按劳分配以外出现资本性收入、经营性收入、技术性收入等多种要素性收入形式；二是要素性收入分配方式又通过生产、交换等多种形式、多个渠道渗入到公有制经济的内部，改变着国有企业、集体企业等公有制经济的收入分配方式，并调动了公有制经济有关人员的积极性，产生了积极效应。为了进一步推动分配制度的规范性和合理化，1981年，党的十一届六中全会指出，必须实行适合于各种经济成分的具体管理制度和分配制度。此后还要求，要扩大工资差距，拉开档次……充分体现多劳多得、少劳少得。我国收入分配制度逐渐从传统计划的、单一的按劳分配向市场化的、按生产要素分配转变。

随着生产力的发展和非公有制经济等市场经济因素的不断壮大，需要我国生产关系和上层建筑作出相应的调整。1987年，党的十三大作出了我国正处于并将长期处于社会主义初级阶段的判断，明确社会主义社会并不要求绝对单一的公有制和绝对平均主义，要求实行以按劳分配为主体、其他分配方式为补充的收入分配方式，并明确资本等非劳动要素参与收益分配的合法性。至此，我国正式肯定了非公有制类型的经济成分，允许合法的非劳动收入存在。1992年，党的十四大确立了我国经济体制改革的目标是建立社会主义市场经济体制。随着这一体制的建立与完善，各种生产要素对市场经济发展的贡献越发凸显，从而提出以按劳分配为主体，其他分配方式为补充，兼顾效率与公平的收入分配方式。此后，党的十四届三中全会在制度层面将多种分配方式的地位从"补充"发展为"并存"，首次允许资本等生产要素参与收益分配，资本、技术、管理等生产要素逐步被纳入分配领域，引入"竞争机制"，充分体现效率优先、兼顾公平的原则。2002 年，党的十六大进一步确立了将管理等生产要素纳入按贡献参与分配的原则，强调初次分配注重效率，再分配注重公平。这一提法一方面扩大了生产要素范围，另一方面明确了生产要素要根据其在生产中的真实贡献来决定收益分配，更加尊重人民群众在社会主义建设中的贡献。这是党在社会主义市场经济体制改革目标确立的历史背景下，在促进生产力发展过程中，不断推进效率和公平的有机融合，实现了对我国收入分配制度的适应性调整和创新。至此，我国社会主义基本分配制度得以确立。

在市场化改革推进的同时，城乡发展不平衡、区域发展不平衡的问题愈发严重，居民收入差距不断扩大，社会公平问题难以回避。为此，2007 年，党的十七大指出，要坚持和完善按劳分配为主体、多种分配方式并存的分配制度，健全劳动、资本、技术和管理等生产要素按贡献参与分配的制度，初次分配和再分配都要处理好效率和公平的关系，再分配更加注重公平，同时，中央还提出要创造条件让更多群众拥有财产性收入。不仅提出在实现 2020 年建成小康社会的目标之后，建立合理的收入分配制度，确立了分配制度的发展方向，更重要的是根据我国正处于社会主义初级阶段的现实条件，将以往按生产要素分配由应当依据的"原则"定位为应当贯彻落实的"制度"，提升了按生产要素分配在我国分配领域中的重要程度。此后，为了持续性地调动劳动者、劳动资料所有者的积极性，建立改善人民生活的分配制度，在改革中强调生产要素参与分配按贡献大小的原则，不断扩展要素分配的依据，注重实现公民财产性收入，推动收入分配制度不断向公平端倾斜。只是在分配过程中，由于市场经济的作用，社会历史、自然地理条件因素的影响，以及各个地区发展程度和经济结构的差异，我国收入差距难以缩小。因此，需要继续通过改革分配制度，形成既有利于提高生产力，又能有效保障公平、实现共同富裕的分配制度体系。

（三）完善实现人民共享共富的分配制度

中国特色社会主义进入新时代以来，我国社会的主要矛盾已转变为人民日益增长的美好生活需要和不平衡不充分的发展之间的矛盾。"不平衡不充分的发展"的具体表现之一就是城乡区域差距和居民收入分配差距较大。此时，让一部分人先富起来的政策已经完成任务，应逐步转向实现共同富裕的政策。社会主义市场经济体制下的基本收入分配制度应继续调整优化以适应新时期、新阶段的经济社会发展要求。

为此，党的十八大强调：必须坚持维护社会公平正义；必须走共同富裕道路，要求初次分配和再分配都要兼顾效率和公平，再分配更加注重公平；要坚持社会主义基本经济制度和分配制度，调整国民收入分配格局，加大再分配调节力度，着力解决收入分配差距较大问题，使发展成果更多更公平惠及全体人民。相较于以往，更加关注基本收入分配制度的深入优化，将完善收入分配制度的根本目标具体为实现发展成果由人民共享，提出实现该目标应做到"两个同步、两个提高"，即努力实现居民收入增长和经济发展同步、劳动报酬增长和劳动生产率提高同步，提高居民收入在国民收入分配中的比重，提高劳动报酬在初次分配中的比重。根据党的十八大精神，党的十八届三中全会提出完善慈善捐助减免税制度，支持慈善事业发挥扶贫济困积极作用，发挥"第三次分配"的作用，要求建立形成橄榄型分配格局；党的十八届五中全会提出共享发展理念；党的十九大要求坚持按劳分配原则，完善按要素分配的体制机制，促进收入分配更合理、更有序。这些政策不断推动我国分配制度往共享共富方向发展。

党的十九届四中全会基于人民立场和实践原则，着眼于社会主义初级阶段生产力发展需要，创造性将"按劳分配为主体、多种分配方式并存"和"社会主义市场经济体制"上升为基本经济制度，将数据作为生产要素参与分配，适应了当前工业化、信息化加快融合发展的需要。同时提出健全以税收、社会保障、转移支付等为主要手段的再分配调节机制，加快推进基本公共服务均等化，进一步缩小收入分配差距。这是对社会主义基本经济制度作出的新概括，也是对社会主义基本经济制度内涵作出的重要发展和深化。此后，党的十九届五中全会明确提出把"全体人民共同富裕取得更为明显的实质性进展"，作为 2035 年我国基本实现社会主义现代化的远景目标。当前，实现这一目标，就对提高劳动报酬在初次分配中的比重、健全生产要素按贡献决定报酬的机制、健全再分配调节机制等方面提出了更多要求。为了增进民生福祉，提高人民生活品质，党的二十大进一步提出，要坚持按劳分配为主体、多种分配方式并存，坚持多劳多得，鼓励勤劳致富，促进机会公平，增加低收入者收入，扩大中等收入群体，规范收入分配秩序，规范财富积累机制，2023 年全国两会要求多渠道促进居民增收，完善收入分配制度，提升消费能力，为深化分配制度的改革明确了方向。

可见，改革开放初期分配制度改革的重点在于打破平均主义和贯彻马克思主义的物质利益原则，不断激发劳动者的生产积极性、主动性和创造性。随着改革的深入，我们不仅强调在初次分配中要保护劳动所得，坚持多劳多得，保护合法收入，使个人在初次分配下所获得的收入更加符合市场客观评定的贡献值，还强化再分配的调节作用，重视发挥第三次分配对初次分配和再分配的补充作用。当前，我国在分配制度改革方面越来越重视发挥"再分配"这一环节。总的来看，我国收入分配制度的改革，从适应低下生产力水平的发展需求到改善民生、增进民生福祉方向发展，在建立社会主义市场经济体制的同时，多种生产要素分配成为必然，为推进公平与正义，还需配套政府的再次调节、借助社会保障等方式，最终建立一种共享共富的收入分配制度。

三、推进社会主义与市场经济有机结合

我国经济体制改革从农村走向城市，实现了从计划为主、市场为辅出

发，逐步向有计划的商品经济再到中国特色社会主义市场经济过渡。中国共产党的根本使命在于破除一切阻碍生产力解放和发展的力量，推动生产方式变迁。在这一过程中，处理好政府和市场的关系，既是经济体制改革的核心问题，也是有效引领新常态的突破口。党关于社会主义与市场机制关系的认识经历了二者统一、分离、再度统一的辩证扬弃过程，在改革中不断重视发挥市场在资源配置中的作用，更好发挥政府的作用。

（一）建立计划经济体制下政府的主导地位

1949 年新中国成立后，我国政府以政治职能为重心，大力发展社会生产力、加快向社会主义过渡。在推进国民经济恢复过程中，经历了从"计划与市场并存"演化为"政府占据主导地位"，不断优化政府对国民经济的治理。

1949—1952 年，政府为了迅速控制国家经济命脉，快速推进国民经济的恢复，对不同性质的经济主体实行不同策略，实现"计划与市场并存"。首先将铁路、金融系统以及一些大中型企业的经营权收归国有，对国有企业实行计划管理，条件成熟后稳步对合作社、公私合营企业进行计划管理；其次，对于数目庞大，分布广泛的个体经济，则由市场机制进行调整，如鼓励、扶持正当的商品流动，取消一切妨碍贸易自由的限制。虽然在三年经济恢复时期内计划和市场的发展水平较低、对其认识也比较模糊，但是这一阶段实现了党对计划和市场相结合的最初探索，为社会主义市场经济的发展奠定了基础。

在 1953 年，随着国民经济的迅速恢复，党中央根据国内外形势的需要，提出了以"一化三改"为核心内容的过渡时期总路线，采取以计划为主导的计划与市场同时发挥作用的商品经济体制，开启了新民主主义向社会主义过渡阶段。在社会主义改造的同时，国家通过制定实施"一五"计划推动社会主义工业化建设，以苏联援建的 156 个项目为核心，优先发展重工业。政府采取指令性计划综合平衡资源配置、生产结构以及产品消费等，最大限度地集中有限的资金和建设力量来保证"一五"计划目标的顺利实现。政府通过对经济强有力地计划管理，实现了国民经济的快速恢复和经济体系的重建。同时，在市场机制与政府宏观调控同时发挥作用的前提下，国家通过调剂国有经济、合作社经济、农民和手工业者的个体经济，使私人资本主义经济和国家资本主义经济等各种经济成分在国营经济领导下，分工合作，各得其所，以促进整个社会经济的发展。此时，政府对整个国民经济的控制还较弱，市场的作用仍广泛存在，多种所有制形式的经济得到一定程度的发展。总的来说，这一时期经济体制采取计划与市场同时发挥作用的商品经济体制。政府通过对经济强有力的计划管理，实现国民经济的快速恢复和经济体系的重建。这一经济制度框架在新中国成立初期是符合当时的历史条件和生产力水平状况的，既能促进生产力的发展，又能为社会主义经济制度的建立提供制度经验，挽救了旧中国濒临崩溃的国民经济。随着1956年三大改造的基本完成，计划经济体制的特征得到进一步强化。到1957年"一五"计划的完成，政府实现在资源配置中占据主导地位，"强政府、弱市场"的关系格局就此形成。此后，"二五""三五"等多个五年计划的实施，巩固和完善了计划经济体制。这种经济体制在推动工业化的过程中发挥了关键作用。随着形势的发展，1956年在党的八大上，党的领导人已经认识到计划经济缺乏灵活性，也对社会主义经济制度进行了反思，如针对社会主义改造完成后存在的问题，陈云提出"三个主体、三个补充"①的思想。

1960年，党的八届九中全会提出"调整、巩固、充实、提高"的方针，尤其是对计划与市场的关系进行调整，要求重新恢复曾在"一五"时期取得成功的直接计划与间接计划相结合的形式。在1963年制定的《计

---

① "三个主体、三个补充"即在工商业经营方面，国家经营和集体经营是工商业的主体，但是附有一定数量的个体经营。这种个体经营是国家经营和集体经营的补充。……计划生产是工农业生产的主体，按照市场变化而在国家计划许可范围内的自由生产是计划生产的补充。……在社会主义的统一市场里，国家市场是它的主体，但是附有一定范围内国家领导的自由市场。

划工作条列》明确提出，国家的计划应按照所有制的不同分为直接计划与间接计划，放宽在农业领域的计划限制，提出应运用价值规律促进农业生产和流通。这些政策实际上具有市场调节的性质。

（二）促进社会主义经济体制改革向市场化方向发展

随着生产社会化和经济现代化的推进，如何在社会主义制度框架内解放生产力和发展生产力成为党和政府急需解决的问题。以邓小平为代表的中国共产党人，在党的十一届三中全会上明确提出把党和政府的工作重心转移到社会主义现代化建设上来，以市场为取向，开启了对内改革，对外开放的探索之路。从此，中国经济体制开始由社会主义计划经济向社会主义市场经济转变。在改革初期，党和政府提出要践行"国家计划指导下的市场调节"，这一思想是对经典社会主义经济理论的重大突破，它实际上已将计划和市场界定为两种具体的资源配置手段，从根本上摆脱了把计划经济和市场经济当作社会主义基本制度范畴的思想束缚和理论困境。我国以城市为重点的整个经济体制改革也随之进入了一个新阶段。随着指令性计划的减少，国有企业的生产经营活动日益依赖于市场，经济体制已经开始突破长期形成的僵化和封闭模式，商品经济迅速发展，乡镇企业得以活跃发展。

为了进一步推进市场化改革，减少政府对市场的干预，1982 年，党的十二大提出计划经济为主、市场调节为辅的原则，确认把计划分为指令性计划和指导性计划的新思路，改变把计划经济简单理解为指令性计划的传统概念。而如何具体地践行计划经济为主、市场调节为辅，扭转全能政府模式，则是发展有计划的商品经济，并提出了以强化宏观管理、淡化微观管理，间接管理为主、直接管理为辅的政府机构改革方案[①]，启动以政

---

① 王东京、田清旺、赵锦辉：《中国经济改革 30 年：政府转型卷》，重庆大学出版社 2008 年版，第 115 页。

府职能转变为内容的政府机构改革。

其中，国企改革作为整个经济体制改革的中心环节，通过实施放权让利、利改税、拨改贷、承包制、租赁制、股份制、现代企业制度等政策，建立起产权清晰的现代企业制度，逐渐实现政企分开，成为传统计划经济体制改革的突破口。为进一步引入民营资本促进生产力发展，实现国有企业按照计划生产到以市场调节进行生产，提高国有企业生产效率，开启了国企混合所有制改革的历程。市场经济体制的建设，使得生产力构成中"物"（劳动对象和劳动资料）的要素得到合理的配置，促进了生产力的解放和发展，改变了计划经济体制下，企业隶属于政府，生产要素也由政府进行配置的问题。20 世纪 80 年代的市场化改革带来了超预期的经济绩效，短短十年便基本结束了商品短缺的局面。市场在提高资源配置效率、激励市场主体动力、提高居民收入方面展现出巨大能量，有力推进了政府和市场关系认识的深化。

这一阶段也是对外开放的初始阶段，通过对外开放有力地扩大了资源配置的范围，提高了生产力。1978 年，党的十一届三中全会确立了以经济建设为中心、实行改革开放、加快社会主义现代化建设的路线，并明确提出，在自力更生的基础上积极发展同世界各国平等互利的经济合作，努力采用世界先进技术和先进设备。这是新中国成立 30 年来最早作出的对外开放重大决定，开启了以沿海地区为重点的对外开放阶段。在对外开放中通过放权让利培育市场因素，通过招商引资引入外来竞争压力，通过区域开放形成外向型经济体制。为了不断扩大对外开放格局，先后在深圳、珠海、厦门、汕头进行试办经济特区；确立大连、秦皇岛、天津等在内的 14 个城市为沿海开放城市以及长江三角洲、珠江三角洲和闽南厦漳泉三角地区等多个沿海经济开放区。在 1988 年 4 月份又提出建立海南经济特区。总的来看，这一阶段我国沿海地区对外开放由点到线、由线到面逐步展开，到 20 世纪 80 年代末期形成了较为完善的沿海开放地带。这一开放格局充分考虑了我国开放经济发展的地理位置、自然资源、经济基础以及充分引进技术管理的需要等因素，为中国发展开放经济和推动国内经济增长注入了内在活力①。

（三）发挥市场在资源配置中的基础性作用

1992 年，邓小平同志在南方谈话中明确提出，计划多一点还是市场多一点，不是社会主义与资本主义的本质区别。……计划和市场都是经济手段。社会主义的本质，是解放生产力，发展生产力，消灭剥削，消除两极分化，最终达到共同富裕。在邓小平南方谈话的指导下，党的十四大正式确立了我国经济体制改革的目标是建立社会主义市场经济体制，并将社会主义市场经济界定为使市场在社会主义国家宏观调控下对资源配置起基础性作用，标志着党在政府和市场关系理论上实现了飞跃。此后，党把政府和市场关系的处理作为体制改革的核心问题，围绕着如何建构市场经济体制展开深入探索。

为了快速推进市场经济体制的建设，使市场在国家宏观调控下对资源配置起基础性作用，1993 年的第八届全国人大第一次会议以及党的十四届三中全会上，对政府的职能作出具体的划分，提出政府具有统筹规划、掌握政策、信息引导、组织协调、提供服务和检查监督等职能，明确政府职能范畴。此后，在第九届全国人大第一次会议上进一步要求把政府职能切实转变到宏观调控、社会管理和公共服务方面来，把生产经营的权力真正交给企业。通过不断对政府职能进行改革，建立起办事高效、运转协调、行为规范的行政管理体系。

1994 年，党的十四届三中全会作出建立社会主义市场经济体制的具体战略部署，提出"发展开放型经济，与国际互接互补"的新要求。中央决定开发上海浦东新区，实行沿江和沿边开放，推动我国对外开放由沿海

---

① 权衡：《对外开放四十年实践创新与新时代开放型经济新发展》，《世界经济研究》2018年第 9 期。

向内地纵深推进，全方位开放格局基本形成。随着我国持续性的扩大对外开放，利用外资的规模、水平和能力也迅速提升，为我国加入世界经济组织提供了基础条件。在加入 WTO 以后，我国开放经济发展的范围、领域、地域、水平和能力等都发生了根本性变化，更加全面参与国际经济合作和国际分工体系，有利于我国更好地扩大出口和利用外资，平等参与国际竞争，对外开放进入全方位开放发展的新阶段，为 21 世纪全面参与经济全球化奠定了坚实的基础。

随着我国经济转型的不断发展，以促进经济发展为单一目标的政府职能模式无法解决包括城乡二元、区域发展失衡、"三农"等在内的社会发展问题，社会环境也发生了巨大变化。为了消除体制性障碍，推动政府在兼顾经济发展的同时，注重提供高效、公平、充足的公共服务，2002 年，党的十六大提出建设服务型政府的目标，并在深化国有资产管理体制改革、建立现代市场体系、加强和完善宏观调控、建立与经济发展水平相适应的社会保障制度等方面作出详细部署。这一会议后，我国开展了以增强政府社会管理与公共服务职能为目标的新一轮机构改革，推动社会主要市场经济制度的初步建立和发展。从具体政策来看，主要包括在更大程度上发挥市场在资源配置中的基础性作用，健全统一、开放、竞争、有序的现代市场体系；推动商品和生产要素在全国市场自由流动；完善政府的经济调节、市场监管、社会管理和公共服务的职能，减少和规范行政审批等。党的十六届四中全会、五中全会不断对政府职能转变提出具体要求，指明建设法治政府和服务型政府的方向。这些政策推动我国政府职能转变，政府职能总量逐步减少，政府职能结构中社会管理职能和公共服务职能明显增强，更加尊重市场规律，市场在资源配置中的基础性作用得到不断强化。此外，面对越发严重的环境污染问题，党的十七大在重申加快形成统一开放、竞争有序的现代市场体系的同时，还提出要发展各类生产要素市场，完善反映市场供求关系、资源稀缺程度、环境损害成本的生产要素和资源价格形成机制，规范发展行业协会和市场中介组织，健全社会信用体

系。将环境损害成本和资源价格纳入到现代市场体系框架之中，把经济社
会效益和环境生态效益结合起来。面对金融市场的崛起以及为了加大对实
体经济转型的支撑，党的十八大强调，要加快发展多层次资本市场，稳步
推进利率和汇率市场化改革。这一阶段不断在更大程度更广范围发挥市场
在资源配置中的基础性作用，推动着社会主义市场经济体制进一步完善。

（四）推动有效市场和有为政府更好结合

党的十四大以来，党对政府和市场关系的认识不断依据实践得以深
化。随着社会主义市场经济体制初步建立，市场化程度已大幅提升，宏观
体系也得以健全，政府对市场规律性的认识不断加强，已具备进一步完善
社会主义市场经济体制的主客观条件。而要处理好政府和市场关系，实际
上就是要处理好在资源配置中市场起决定性作用还是政府起决定性作用这
个问题。基于此，党的十八届三中全会提出，使市场在资源配置中起决定
性作用和更好发挥政府作用。提出使市场在资源配置中起决定性作用，是
我们党对中国特色社会主义建设规律认识的一个新突破，是马克思主义中
国化的一个新的成果，标志着社会主义市场经济发展进入了一个新阶段。①
政府不再决定资源配置，回归市场经济本义，更加注重发挥市场在促进经
济均衡、推动技术进步、促进经济增长等方面的作用。可见，使市场在资
源配置中起决定性作用和更好发挥政府作用是党在社会主义市场经济制度
完善过程中，对处理政府与市场、计划与市场关系问题的延续，符合我国
生产力发展的客观需要，也符合市场经济的一般规律。

为达到让市场在资源配置中起决定性作用的目标，释放市场活力，保
持经济持续健康地发展，需要进一步培育合格的市场主体、进一步规范政
府行为，进一步发展商品市场，进一步促进国内国际市场深度融合。为
此，党在有关方面进行政策调整。如党的十九大强调要重点从完善产权制

---

① 《习近平谈治国理政》，外文出版社 2014 年版，第 116 页。

度和要素市场化配置的角度深化经济体制改革，党的十九届四中全会将社会主义经济体制上升到社会主义基本经济制度的高度。此后，将坚持正确处理政府和市场关系作为一项基本原则，要求最大限度减少政府对市场资源的直接配置和对微观经济活动的直接干预。当然，政府还肩负着有效弥补市场失灵的职责。对于国有资产的管理，中央多次强调要完善国有资产管理体制，以管资本为主，改革国有资本授权经营体制。国有资产管理体制由以管企业为主向以管资本为主转变，成为我国新时代深化国有企业改革的重要切入点。对于促进国有企业的市场化发展，工作重点主要落在继续深化和完善以产权制度改革为核心的现代企业制度，建立健全国有资产管理和监督体制等方面。

当前，市场化改革释放出进一步深化的信号。2022 年 1 月 6 日，国务院发布的《要素市场化配置综合改革试点总体方案》提出力争在土地、劳动力、资本、技术等要素市场化配置关键环节上实现重要突破，在数据要素市场化配置基础制度建设探索上取得积极进展，并要求到 2025 年基本完成试点任务，要素市场化配置改革取得标志性成果，为完善全国要素市场制度作出重要示范。2022 年 4 月 10 日，《中共中央、国务院关于加快建设全国统一大市场的意见》出台，提出要加快建立全国统一的市场制度规则，打破地方保护和市场分割，打通制约经济循环的关键堵点，促进商品要素资源在更大范围内畅通流动，加快建设高效规范、公平竞争、充分开放的全国统一大市场，明确通过建设全国统一大市场，让资源、要素流动更畅通，规范不当的市场竞争和市场干预行为，给市场主体更广阔的成长空间，发挥市场在资源配置中的决定性作用，更好发挥政府作用。"全国统一大市场"成为深入推进市场化改革的重点举措。随着《中共中央国务院关于构建更加完善的要素市场化配置体制机制的意见》《建设高标准市场体系行动方案》《要素市场化配置综合改革试点总体方案》相继印发实施，多轮中央层面谋划部署的重磅文件都在不断深化市场化改革，为充分发挥市场在资源配置中的决定作用保驾护航。2023 年《政府工作报告》

提出，持续推进政府职能转变，完成国务院及地方政府机构改革，促进多种所有制经济共同发展，推进财税金融体制改革等要求，将进一步推动有效市场和有为政府更好结合。

在对外开放方面，从 2013 年中国（上海）自贸试验区建设以来，我国进入构建开放型经济新体制和构建全面开放新格局的历史阶段。2013年 8 月，国务院正式批准设立中国（上海）自由贸易试验区，进一步扩大开放，推动完善开放型经济体制机制。探索建设自贸区是我国对外开放迈向制度创新、建立开放型经济体制机制的重要标志。在上海自贸区建设试点基础上，国务院先后于 2015 年和 2017 年批准设立广东自贸区等 11 个自贸试验区。自贸试验区试点及其扩围始终坚持制度创新，聚焦构建开放型经济体制机制，逐渐与国际最高标准、最好水平的投资贸易规则接轨，从而推动中国开放经济深化和发展。2018 年 4 月，在自贸区建设试验发展基础上，中央宣布海南建立中国特色自由贸易港区。伴随着中国特色社会主义进入新时代，中国对外开放也进入了新时代。新时代中国对外开放迎来了发展更高层次开放型经济、培育国际竞争新优势、推动"一带一路"建设、参与全球经济治理体系的全面开放新发展格局的重要时期。通过全方位开放格局可以充分利用外部资源，这种资源包括自然资源、企业家、技术、人才、资金、设备、管理甚至海外市场等，利于在全球范围内配置资源，解决内部资源有限问题；同时，推动我国由商品和要素流动型开放向规则等制度型开放转变①。推动制度型开放具有里程碑意义，该举措进一步完善了制度型市场，可让市场在全社会资源配置中发挥决定性作用，有效推动社会生产力水平的提高。2023 年全国两会期间，习近平总书记再次提出，必须坚定不移深化改革开放、深入转变发展方式，以效率变革、动力变革促进质量变革，加快形成可持续的高质量发展体制机制。2023 年 6 月，国务院印发《关于在有条件的自由贸易试验区和自由贸易

① 徐杰：《深刻认识并推动制度型开放》，《经济日报》2019 年 2 月 18 日。

港试点对接国际高标准推进制度型开放的若干措施》，聚焦货物贸易、服务贸易、商务人员临时入境、数字贸易、营商环境、风险防控 6 个方面，提出具体试点措施，为更高水平开放探索路径、积累经验。

不难看出，中国社会主义基本经济制度的历史演进，是在中国化时代化的马克思主义理论的指导下，从中国实际出发，伴随着中国社会主义经济建设的实践探索实现不断创新和发展的。在经济体制转轨过程中，以1992 年为界，1992 年以前是以计划经济为主，旨在通过发挥价值规律的积极作用来弥补计划经济体制的不足；1992 年以后，改变计划经济体制，明确提出建立社会主义市场经济体制的改革目标。这一阶段，推动了全国统一市场的建设，各种生产要素在不同区域、不同行业、不同部门之间得以自由流动。市场发挥"决定性"作用表明市场在整个资源配置中发挥自主的、规定性的作用，市场资源依据市场规则、市场价格、市场竞争实现效率最优的市场配置，最大程度减少政府对非公共资源配置领域的干预，将政府作用聚焦于管好市场管不了、管不好的领域。

当然，"我国实行的是社会主义市场经济体制，我们仍然要坚持发挥我国社会主义制度的优越性、发挥党和政府的积极作用。市场在资源配置中起决定性作用，并不是起全部作用"①。"市场起决定作用，是从总体上讲的，不能盲目绝对讲市场起决定性作用，而是既要使市场在配置资源中起决定性作用，又要更好发挥政府作用。"② 也就是说，在认识市场作用和政府作用的问题上，"要讲辩证法、两点论，'看不见的手'和'看得见的手'都要用好，努力形成市场作用和政府作用有机统一、相互补充、相互协调、相互促进的格局，推动经济社会持续健康发展"③。市场发挥决定性作用已为广泛共识，更好发挥政府作用既是改革枢纽也是研究前

---

① 《习近平谈治国理政》（第 1 卷），外文出版社 2018 年版，第 77 页。
② 中共中央文献研究室编《习近平关于社会主义经济建设论述摘编》，中央文献出版社 2017 年版，第 57—58 页。
③ 《习近平谈治国理政》，外文出版社 2014 年版，第 116 页。

沿。随着"高质量的发展""新发展阶段"概念的提出，在经济建设中对政府职能提出更多要求，必然要求建设高质量服务型政府。在坚持党的领导，推进要素市场化改革、资本市场的管理等方面，都需要实现相应的提升。发展社会主义市场经济，既要发挥市场作用，也要发挥政府作用，但市场的作用和政府的作用是不同的。政府的职责和作用主要是保持宏观经济稳定，加强和优化公共服务，保障公平竞争，加强市场监管，维护市场秩序，推动可持续发展，促进共同富裕，弥补市场失灵。对于我国社会主义市场经济来说，使市场在资源配置中起决定性作用与更好发挥政府作用是相辅相成的两个方面，二者是有机统一的，不是相互否定的，不能把二者割裂开来、对立起来。因此，党的二十大再次强调，在构建高水平社会主义市场经济体制中，始终要充分发挥市场在资源配置中的决定性作用，更好发挥政府作用。

综观中国社会主义基本经济制度的历史演进历程，始终遵循生产力与生产关系矛盾运动、经济基础与上层建筑矛盾运动的基本规律，依据实践发展中不同阶段所呈现出来的社会矛盾的主要内容，通过调整生产关系中与生产力不相适应的部分、调整上层建筑中与经济基础不相适应的部分，推动社会主义基本经济制度的不断发展和完善，最终形成了公有制为主体、多种所有制经济共同发展，按劳分配为主体、多种分配方式并存，社会主义市场经济体制"三位一体"的社会主义基本经济制度。在所有制方面，既要毫不动摇地巩固和发展公有制经济，不断夯实社会主义经济制度的基础，又要毫不动摇地鼓励、支持和引导非公有制经济发展，不断做优做强市场主体。在分配制度方面，既要在坚持按劳分配为主体和完善收入分配实现机制的基础上，处理好初次分配中效率和公平的关系，又要在更加注重公平和完善收入再分配调节机制的基础上，处理好再分配中效率和公平的关系。在社会主义市场经济体制方面，要不断实现市场经济基础性制度的完善，加快要素市场化配置，提升国家经济治理体制以及优化全面开放体系，实现有为政府和有效市场更好结合起来。当前，中国特色社主义进入新时代，我国经济发展也已由高速增长阶段转向高质量发展阶段。我国社会主义基本矛盾的转变也代表着基本经济制度需要继续深化改革，为新时代中国特色社会主义进入更高发展阶段奠定坚实的制度基础。

第三章 坚持和完善社会主义基本经济制度的时代要求

2015 年 10 月，党的十八届五中全会正式提出了贯彻新发展理念；2020 年 4 月，习近平总书记在中央财经委员会第七次会议上首次提出构建新发展格局；2020 年 10 月，党的十九届五中全会正式提出我国进入新发展阶段，习近平总书记对新发展格局作了全面部署。进入新发展阶段、贯彻新发展理念、构建新发展格局，是由我国经济社会发展的理论逻辑、历史逻辑、现实逻辑决定的，三者紧密关联。进入新发展阶段明确了我国发展的历史方位，贯彻新发展理念明确了我国现代化建设的指导原则，构建新发展格局明确了我国经济现代化的路径选择。把握新发展阶段是贯彻新发展理念、构建新发展格局的现实依据，贯彻新发展理念为把握新发展阶段、构建新发展格局提供了行动指南，构建新发展格局则是应对新发展阶段机遇和挑战、贯彻新发展理念的战略选择。① 特别是在党的二十大上，习近平总书记再次强调必须完整、准确、全面贯彻新发展理念，坚持社会主义市场经济改革方向，坚持高水平对外开放，加快构建以国内大循环为主体、国内国际双循环相互促进的新发展格局。

一、把握新发展阶段

正如习近平总书记所讲："正确认识党和人民事业所处的历史方位和

---

① 习近平：《把握新发展阶段，贯彻新发展理念，构建新发展格局》，《求是》2021 年第 9 期。

发展阶段，是我们党明确阶段性中心任务、制定路线方针政策的根本依据，也是我们党领导革命、建设、改革不断取得胜利的重要经验。"① 回顾我党的发展史，新民主主义革命时期，我们党经过艰辛探索，逐步认识到中国革命必须经过新民主主义革命这个历史阶段，并在此基础上提出了中国革命的任务和战略策略，领导人民取得中国革命的胜利。新中国成立之初，我们党深刻认识到，从新民主主义社会进入社会主义社会需要经历一个过渡阶段，由此形成了党在过渡时期的总路线，胜利完成了社会主义革命任务，进入了社会主义建设阶段。改革开放以后，我们党深刻总结世界社会主义特别是我国社会主义建设正反两方面经验，作出我国正处于并将长期处于社会主义初级阶段的重大判断，并据此提出了党的基本路线，开辟了改革开放和社会主义现代化建设的崭新局面。党的十八大以来，我们在前人长期奋斗的基础上统筹推进"五位一体"总体布局、协调推进"四个全面"战略布局，推动党和国家事业取得历史性成就、发生历史性变革，推动中国特色社会主义进入了新时代。

2021 年 1 月 11 日，习近平总书记在省部级主要领导干部学习贯彻党的十九届五中全会精神专题研讨班上指出，"党的十九届五中全会提出，全面建成小康社会、实现第一个百年奋斗目标之后，我们要乘势而上开启全面建设社会主义现代化国家新征程、向第二个百年奋斗目标进军，这标志着我国进入了一个新发展阶段。作出这样的战略判断，有着深刻的依据"，并指出这是由我国经济社会发展的理论逻辑、历史逻辑、现实逻辑决定的。习近平总书记深刻概括了我国进入新发展阶段的理论依据、历史依据和现实依据及其内在逻辑，形成对我国社会主义发展阶段的新认识。

（一）新发展阶段是社会主义初级阶段进程中的一个阶段

新发展阶段重要论述体现了社会主义发展长期性和阶段性辩证统一的

---

① 习近平：《把握新发展阶段，贯彻新发展理念，构建新发展格局》，《求是》2021 年第 9 期。

原理，是社会主义初级阶段理论、新时代重要论断合乎逻辑的发展。习近平总书记指出："马克思主义是远大理想和现实目标相结合、历史必然性和发展阶段性相统一的统一论者，坚信人类社会必然走向共产主义，但实现这一崇高目标必然经历若干历史阶段。我们党在运用马克思主义基本原理解决中国实际问题的实践中逐步认识到，发展社会主义不仅是一个长期历史过程，而且是需要划分为不同历史阶段的过程。"① 因此，我们认为实现社会主义、共产主义具有历史必然性，但这是个长期过程，需要经过若干发展阶段。

马克思在《哥达纲领批判》等论著中认为，资本主义灭亡以后，人类社会发展将经历过渡时期、共产主义第一阶段和共产主义高级阶段三个大的历史阶段。马克思和恩格斯晚年在研究俄国革命和社会变革时认识到，落后国家实现社会主义需要经过多个过渡阶段。列宁把马克思所说的共产主义第一阶段称为"社会主义"，认为经济文化落后的俄国只能先建立"最初级形式"的社会主义，并在建设实践中提出"发达的社会主义社会"和"社会主义那些最初级形式"等概念。1959 年底到 1960 年初，毛泽东读苏联《政治经济学教科书》时提出："社会主义这个阶段，又可能分为两个阶段，第一个阶段是不发达的社会主义，第二个阶段是比较发达的社会主义。后一阶段可能比前一阶段需要更长的时间。"② 20 世纪 80 年代，党汲取历史经验教训，正确分析我国国情，提出社会主义初级阶段理论，初步明确我国社会主义初级阶段的含义、起止时间、主要矛盾、奋斗目标和战略部署。这是对社会主义发展阶段理论的创新，是改革开放的理论根据。社会主义初级阶段是个动态概念，处于不断发展中，我们对初级阶段的认识也逐渐由浅入深。党的十五大提出新"三步走"战略，党的十六大提出 21 世纪头 20 年全面建设小康社会，党的十七大提出我国发展呈

---

① 习近平：《把握新发展阶段，贯彻新发展理念，构建新发展格局》，《求是》2021 年第 9 期。

② 《毛泽东文集》（第 8 卷），人民出版社 1999 年版，第 116 页。

现阶段性特征，党的十八大提出实现"两个一百年"奋斗目标和中华民族伟大复兴中国梦，都体现了党对我国基本国情、历史方位和阶段性特征的新认识。党的十九大提出"新时代"重大判断，指明新时代的内涵、社会主要矛盾、使命任务和战略安排，是对社会主义初级阶段理论的重大发展，是新时代改革和发展的理论依据。

在党的十九届五中全会召开前夕，我国即将开启第二个百年奋斗新征程之时，习近平总书记以"新发展阶段"概括我国历史方位的新变化，提出新发展阶段的目标任务和行动纲领，是对社会主义初级阶段理论和新时代重大判断的进一步深化。

（二）新发展阶段是党带领人民迎来从站起来、富起来到强起来的历史性跨越的新阶段

进入新发展阶段是新中国成立以来特别是改革开放以来我国社会发展进步的结果，又是向更高发展阶段迈进的起点。习近平总书记指出："新发展阶段是我们党带领人民迎来从站起来、富起来到强起来历史性跨越的新阶段。"[1]

中国共产党建立 100 多年来，团结带领中国人民所进行的一切奋斗，就是为了把我国建设成为现代化强国，实现中华民族伟大复兴。新中国成立以后，我们党孜孜以求，带领人民对中国现代化建设进行了艰辛探索。1954 年，周恩来同志在第一届全国人民代表大会上所作的《政府工作报告》中就明确指出："如果我们不建设起强大的现代化的工业、现代化的农业、现代化的交通运输业和现代化的国防，我们就不能摆脱落后和贫困，我们的革命就不能达到目的。"1959 年，毛泽东同志提出，我国人民应该有一个远大的规划，要在几十年内，努力改变我国在经济上和科学文

---

① 习近平：《把握新发展阶段，贯彻新发展理念，构建新发展格局》，《求是》2021 年第 9 期。

化上的落后状况，迅速达到世界上的先进水平。他还提出警示，如果搞得不好就会被开除"球籍"。1964 年 12 月，周恩来同志在第三届全国人民代表大会上所作的《政府工作报告》中再次提出："从第三个五年计划开始，我国的国民经济发展，可以按两步来考虑：第一步，建立一个独立的比较完整的工业体系和国民经济体系；第二步，全面实现农业、工业、国防和科学技术的现代化，使我国经济走在世界的前列。"由于后来发生了"文化大革命"，当时提出的四个现代化建设没有完全展开。尽管如此，从1949 年到 1978 年，我们党领导人民在旧中国一穷二白的基础上建立起独立的比较完整的工业体系和国民经济体系，有效维护了国家主权和安全，我国社会主义建设事业迈出了坚实步伐。

改革开放以后，邓小平同志提出"三步走"战略，即到 20 世纪 80 年代末解决人民温饱问题，到 20 世纪末使人民生活达到小康水平，到 21 世纪中叶基本实现现代化，达到中等发达国家水平。进入 21 世纪，在人民生活总体上达到小康水平之后，我们党又提出，到建党 100 年时全面建成惠及十几亿人口的更高水平的小康社会，然后再奋斗 30 年，到新中国成立 100 年时，把我国建设成为富强民主文明和谐美丽的社会主义现代化强国。

党的十八大以来，党带领人民全面深化改革开放，全面建设小康社会，提出一系列新理念新思想新战略，推动中国特色社会主义进入新时代，使中华民族迎来了从富起来到强起来的伟大飞跃。党的十九大立足新时代的历史方位，对实现第二个百年奋斗目标作出新的战略安排。全面建成小康社会是中华民族伟大复兴进程中新的里程碑，标志着党的第一个百年奋斗目标实现。从"十四五"时期开始我国进入新发展阶段，全面建设社会主义现代化国家，为第二个百年目标奋斗。从第一个五年计划到第十四个五年规划，一以贯之的主题是把我国建设成为社会主义现代化国家。我们走过弯路，也遭遇过一些意想不到的困难和挫折，但建设社会主义现代化国家的意志和决心始终没有动摇。在这个过程中，我们党对建设社会主义现代化国家在认识上不断深入、在战略上不断成熟、在实践上不断丰富，加速了我国现代化发展进程，为新发展阶段全面建设社会主义现代化国家奠定了理论基础、制度基础、实践基础。这是中国历史发展进步的必然要求，是全国人民的共同愿望。

（三）新发展阶段是全面建设社会主义现代化国家、向第二个百年奋斗目标进军的阶段

当前，我国已经具备进入新发展阶段、实现更高目标的有利条件，但是在前进中面临新的矛盾和挑战，需要新的应对举措。经过长期不懈奋斗尤其是改革开放以来40多年的奋斗，我们已经拥有开启新征程、实现新的更高目标的雄厚物质基础。习近平总书记指出，"党和国家事业取得历史性成就、发生历史性变革，为实现中华民族伟大复兴提供了更为完善的制度保证、更为坚实的物质基础、更为主动的精神力量"①。到"十三五"规划收官之时，我国经济实力、科技实力、综合国力和人民生活水平跃上了新的大台阶，成为世界第二大经济体、第一大工业国、第一大货物贸易国、第一大外汇储备国，国内生产总值超过100万亿元，人均国内生产总值超过1万美元，同时，通过全面深化改革和全面从严治党，政治、文化、社会、生态等领域的建设取得重大进步，社会主义制度更加完善、更加充满活力、更加彰显优势，全党和全国人民坚定理想信念、振奋精神、齐心协力、共谋发展。这是我们迈向新发展阶段的有利条件。城镇化率超过60%，中等收入群体超过4亿人。特别是全面建成小康社会取得伟大历史成果，解决困扰中华民族几千年的绝对贫困问题取得历史性成就。这在我国社会主义现代化建设进程中具有里程碑意义，为我国进入新发展阶段、朝着第二个百年奋斗目标进军奠定了坚实基础。

---

① 习近平：《在庆祝中国共产党成立100周年大会上的讲话》，人民出版社2021年版，第7页。

此外，我们在发展中还有不少困难，突出表现是发展不平衡不充分的状况没有根本改变，经济发展效益和质量还不高、可持续性还不够，科技创新能力和竞争力还不强，国家制度的一些环节还不完善，体制机制方面还存在一些短板，制度优势转化为治理效能还有一些障碍。对外来说，随着国际环境复杂多变和国家间竞争加剧，我国的综合国力和自主创新能力还需要显著增强。这些方面又制约我国发展，需要全面建设现代化国家来解决。党的十九届五中全会科学把握我国发展进程，审议通过了《中共中央关于制定国民经济和社会发展第十四个五年规划和二〇三五年远景目标的建议》，明确了新发展阶段坚持和发展中国特色社会主义的新要求，为我们指明了努力方向。

总的来说，"我国进入新发展阶段"是重大政治判断，也是重大理论论断。这是对我国历史方位变化的新概括，蕴含着对新发展阶段我国内外环境、条件、机遇挑战、目标和战略的新认识。进入新发展阶段，是中华民族伟大复兴历史进程的大跨越。这个大跨越也表现在我国现代化建设的思想和战略部署方面。正确把握这个大跨越的内在逻辑，才能自觉谋划我国新发展阶段的现代化建设大业。

二、贯彻新发展理念

（一）新发展理念是一个系统的理论体系

习近平总书记在党的十八届五中全会第二次全体会议上指出："理念是行动的先导，一定的发展实践都是由一定的发展理念来引领的。发展理念是否对头，从根本上决定着发展成效乃至成败。实践告诉我们，发展是一个不断变化的进程，发展环境不会一成不变，发展条件不会一成不变，发展理念自然也不会一成不变。"因此，习近平总书记提出要坚持创新、协调、绿色、开放、共享的发展理念。这个新发展理念是我们在深刻总结国内外发展经验教训的基础上形成的，也是在深刻分析国内外发展大势的基础上形成的，集中反映了我们党对经济社会发展规律认识的深化，也是针对我国发展中的突出矛盾和问题提出来的。党的十八大以来，我们党对经济形势进行科学判断，对发展理念和思路作出及时调整，引导我国经济发展取得历史性成就、发生历史性变革，秘诀就在于完整、准确、全面贯彻新发展理念，着力推动高质量发展，主动构建新发展格局。

创新发展注重的是解决发展动力问题。我国创新能力不强，科技发展水平总体不高，科技对经济社会发展的支撑能力不足，科技对经济增长的贡献率远低于发达国家水平，这是我国这个经济大个头的"阿喀琉斯之踵"。新一轮科技革命带来的是更加激烈的科技竞争，如果科技创新搞不上去，发展动力就不可能实现转换，我们在全球经济竞争中就会处于下风。为此，我们必须把创新作为引领发展的第一动力，把人才作为支撑发展的第一资源，把创新摆在国家发展全局的核心位置，不断推进理论创新、制度创新、科技创新、文化创新等各方面创新，让创新贯穿党和国家一切工作，让创新在全社会蔚然成风。

协调发展注重的是解决发展不平衡问题。我国发展不协调是一个长期存在的问题，突出表现在区域、城乡、经济和社会、物质文明和精神文明、经济建设和国防建设等关系上。在经济发展水平落后的情况下，一段时间的主要任务是要跑得快，但跑过一定路程后，就要注意调整关系，注重发展的整体效能，否则"木桶效应"就会愈加显现，一系列社会矛盾会不断加深。为此，我们必须牢牢把握中国特色社会主义事业总体布局，正确处理发展中的重大关系，不断增强发展整体性。

绿色发展注重的是解决人与自然和谐问题。绿色循环低碳发展，是当今时代科技革命和产业变革的方向，是最有前途的发展领域，我国在这方面的潜力相当大，可以形成很多新的经济增长点。我国资源约束趋紧、环境污染严重、生态系统退化的问题十分严峻，人民群众对清新空气、干净饮水、安全食品、优美环境的要求越来越强烈。为此，我们必须坚持节约资源和保护环境的基本国策，坚定走生产发展、生活富裕、生态良好的文明发展道路，加快建设资源节约型、环境友好型社会，推进美丽中国建设，为全球生态安全作出新贡献。

开放发展注重的是解决发展内外联动问题。国际经济合作和竞争局面正在发生深刻变化，全球经济治理体系和规则正在面临重大调整，引进来、走出去在深度、广度、节奏上都是过去所不可比拟的，应对外部经济风险、维护国家经济安全的压力也是过去所不能比拟的。现在的问题不是要不要对外开放，而是如何提高对外开放的质量和发展的内外联动性。我国对外开放水平总体上还不够高，用好国际国内两个市场、两种资源的能力还不够强，应对国际经贸摩擦、争取国际经济话语权的能力还比较弱，运用国际经贸规则的本领也不够强，需要加快弥补。为此，我们必须坚持对外开放的基本国策，奉行互利共赢的开放战略，深化人文交流，完善对外开放区域布局、对外贸易布局、投资布局，形成对外开放新体制，发展更高层次的开放型经济，以扩大开放带动创新、推动改革、促进发展。"一带一路"建设是扩大开放的重大战略举措和经济外交的顶层设计，要找准突破口，以点带面、串点成线，步步为营、久久为功。要推动全球经济治理体系改革完善，引导全球经济议程，维护多边贸易体制，加快实施自由贸易区战略，积极承担与我国能力和地位相适应的国际责任和义务。

共享发展注重的是解决社会公平正义问题。"治天下也，必先公，公则天下平矣。"让广大人民群众共享改革发展成果，是社会主义的本质要求，是社会主义制度优越性的集中体现，是我们党坚持全心全意为人民服务根本宗旨的重要体现。这方面问题解决好了，全体人民推动发展的积极性、主动性、创造性就能充分调动起来，国家发展也才能具有最深厚的伟力。我国经济发展的"蛋糕"不断做大，但分配不公问题比较突出，收入差距、城乡区域公共服务水平差距较大。在共享改革发展成果上，无论是实际情况还是制度设计，都还有不完善的地方。为此，我们必须坚持发展为了人民、发展依靠人民、发展成果由人民共享，作出更有效的制度安排，使全体人民朝着共同富裕方向稳步前进，绝不能出现"富者累巨万，而贫者食糟糠"的现象。

习近平总书记在党的十八届五中全会第二次全体会议上强调："坚持创新发展、协调发展、绿色发展、开放发展、共享发展，是关系我国发展全局的一场深刻变革。这五大发展理念相互贯通、相互促进，是具有内在联系的集合体，要统一贯彻，不能顾此失彼，也不能相互替代。哪一个发展理念贯彻不到位，发展进程都会受到影响。全党同志一定要提高统一贯彻新发展理念的能力和水平，不断开拓发展新境界。"

（二）完整、准确、全面贯彻新发展理念

新发展理念是一个系统的理论体系，回答了关于发展的目的、动力、方式、路径等一系列理论和实践问题，阐明了我们党关于发展的政治立场、价值导向、发展模式、发展道路等重大政治问题。习近平总书记提出要求："全党必须完整、准确、全面贯彻新发展理念。"[1]

1. 把握新发展理念要依循中国式现代化的本质要求

新时代新征程推进和拓展中国式现代化，必须完整、准确、全面贯彻新发展理念。其一，中国式现代化是人口规模巨大的现代化，不可能按照传统的要素驱动增长模式来完成。跨越中等收入阶段、完成增长动力转型、实现增长的可持续性，都必须实施创新驱动发展战略，以创新驱动增长。其二，中国式现代化是全体人民共同富裕的现代化，因此必须依靠"共享发展"而不能靠单纯的分配政策或单纯的市场化措施来实现。共享是中国特色社会主义的本质要求，必须坚持发展为了人民、发展依靠人民、发展成果由人民共享，作出更有效的制度安排，使全体人民在共建共享发展中有更多获得感，增强发展动力，增进人民团结，朝着共同富裕方

---

[1] 习近平：《把握新发展阶段，贯彻新发展理念，构建新发展格局》，《求是》2021 年第9 期。

向稳步前进。习近平总书记提出："我们不能等实现了现代化再来解决共同富裕问题，而是要始终把满足人民对美好生活的新期待作为发展的出发点和落脚点，在实现现代化过程中不断地、逐步地解决好这个问题。"①其三，中国式现代化是物质文明和精神文明相协调的现代化，必须将协调发展的思想贯彻到发展的各个环节。其四，中国式现代化是人与自然和谐共生的现代化，因此必须遵循绿色发展理念，在碳减排以及污染防治等方面取得长足发展。其五，中国式现代化是走和平发展道路的现代化，必须采取开放发展的理念，通过开放与合作在市场经济中形成互惠互利的利益共同体，进而超越西方的传统现代化模式。

2. 把握新发展理念要坚持系统观念

党的十八届五中全会明确了创新、协调、绿色、开放、共享的新发展理念。习近平总书记强调："新发展理念是一个整体，无论是中央层面还是部门层面，无论是省级层面还是省以下各级层面，在贯彻落实中都要完整把握、准确理解、全面落实，把新发展理念贯彻到经济社会发展全过程和各领域。要抓住主要矛盾和矛盾的主要方面，切实解决影响构建新发展格局、实现高质量发展的突出问题，切实解决影响人民群众生产生活的突出问题。创新发展、协调发展、绿色发展、开放发展、共享发展，在工作中都要予以关注，使之协同发力、形成合力，不能畸轻畸重，不能以偏概全。"②

因此，首先要坚持系统观念。在党的十九届五中全会、中央经济工作会议等场合，习近平总书记多次提出了坚持系统观念问题。完整、准确、全面贯彻新发展理念，要统筹国内国际两个大局，统筹"五位一体"总体布局和"四个全面"战略布局，加强前瞻性思考、全局性谋划、战略性布局、整体性推进。比如，要统筹中华民族伟大复兴战略全局和世界百年未

---

① 习近平：《全党必须完整、准确、全面贯彻新发展理念》，《求是》2022 年第 16 期。
② 同上。

有之大变局，立足国内，放眼世界，深刻认识错综复杂的国际局势对我国的影响，既保持战略定力又善于积极应变，既集中精力办好自己的事，又积极参与全球治理、为国内发展创造良好环境。比如，要统筹发展和安全。在 2020 年 12 月中央政治局第二十六次集体学习时，习近平总书记就贯彻落实总体国家安全观提出了"十个坚持"的要求。

具体而言，对于中央层面来说，要从规划设计、宏观指导、政策法律、财政投入、工作安排等方面对全党全国作出指导，抓好关键环节，通过重点突破带动贯彻新发展理念整体水平提升，从全局上不断提高全党全国贯彻落实新发展理念的能力和水平。各部门既要按照自身职责抓好新发展理念涉及本部门的重点工作，也要综合考虑本部门工作对全党全国贯彻新发展理念的作用和影响，不能单打一，只管自己的一亩三分地。对于各地区，要根据自身条件和可能，既要全面贯彻新发展理念，又要抓住短板弱项来重点推进，不能脱离实际硬干，更不要为了出政绩不顾条件什么都想干，最后什么也干不成。比如，创新发展大家都要抓，但具体到各种关键核心技术，不是家家都能干的，要看条件和可能，同时要看全国科技创新发展布局，从自己的优势领域着力，不能盲目上项目；协调发展、开放发展家家都要抓，同时东部和西部、发达地区和欠发达地区、沿海地区和内地条件各有不同，要从实际出发来抓；绿色发展、共享发展家家都要抓，没有选择余地，同时要聚焦本地区主要问题，突出本地区重点领域，不能脱离本地区承受能力，更不能只顾经济发展而忽略了绿色、共享这两头。

3. 把握新发展理念要以问题为导向

当前，我国发展已经站在新的历史起点上，因此，要根据新发展阶段的新要求，坚持问题导向，更加精准地贯彻新发展理念，切实解决好发展不平衡不充分的问题，推动高质量发展。比如，科技自立自强成为决定我国生存和发展的基础能力，存在诸多"卡脖子"问题。比如，我国城乡区域发展差距较大，而究竟怎样解决这个问题，有很多新的问题需要深入研究，尤其是区域板块分化重组、人口跨区域转移加快、农民落户城市意愿下降等问题要抓紧研究、明确思路。比如，加快推动经济社会发展全面绿色转型已经形成高度共识，而我国能源体系高度依赖煤炭等化石能源，生产和生活体系向绿色低碳转型的压力都很大，实现 2030 年前碳排放达峰、2060 年前碳中和的目标任务极其艰巨。比如，随着经济全球化出现逆流，外部环境越来越复杂多变，大家认识到必须处理好自立自强和开放合作的关系，处理好积极参与国际分工和保障国家安全的关系，处理好利用外资和安全审查的关系，在确保安全的前提下扩大开放。进入新发展阶段，对新发展理念的理解要不断深化，举措要更加精准务实，真正实现高质量发展。

4. 把握新发展理念要从忧患意识出发

随着我国社会主要矛盾变化和国际力量对比深刻调整，我国发展面临的内外部风险空前上升，习近平总书记强调："必须增强忧患意识、坚持底线思维，随时准备应对更加复杂困难的局面。"[①]"十四五"规划把安全问题摆在非常突出的位置，强调要把安全发展贯穿国家发展各领域和全过程。如果安全这个基础不牢，发展的大厦就会地动山摇。要坚持政治安全、人民安全、国家利益至上有机统一，既要敢于斗争，也要善于斗争，全面做强自己，特别是要增强威慑的实力。宏观经济方面要防止大起大落，资本市场上要防止外资大进大出，粮食、能源、重要资源上要确保供给安全，确保产业链供应链稳定安全，防止资本无序扩张、野蛮生长，还要确保生态环境安全，坚决抓好安全生产。社会领域方面要防止大规模失业风险，有效化解各类群体性事件。要加强保障国家安全的制度性建设，借鉴其他国家经验，研究如何设置必要的"玻璃门"，在不同阶段加不同的锁，有效处理各类涉及国家安全的问题。

---

① 习近平：《把握新发展阶段，贯彻新发展理念，构建新发展格局》，《求是》2021 年第 9 期。

5. 把握新发展理念要用政治眼光观察和分析经济社会问题

马克思主义认为，经济是基础，政治是经济的集中反映。毛泽东同志说过，"一切问题的关键在政治"①。完整、准确、全面贯彻新发展理念，是经济社会发展的工作要求，也是十分重要的政治要求。改革发展稳定、内政外交国防、治党治国治军，样样是政治，样样离不开政治。党领导人民治国理政，最重要的就是处理好各种复杂的政治关系，始终保持党和国家事业发展的正确政治方向。越是形势复杂、任务艰巨，越要坚持党的全面领导和党中央集中统一领导，越要把党中央关于贯彻新发展理念的要求落实到工作中去。只有站在政治高度看，对党中央的大政方针和决策部署才能领会更透彻，工作起来才能更有预见性和主动性。各级领导干部特别是高级干部要不断提高政治判断力、政治领悟力、政治执行力，对"国之大者"了然于胸，把贯彻党中央精神体现到谋划重大战略、制定重大政策、部署重大任务、推进重大工作的实践中去，经常对表对标，及时校准偏差。

6. 以继续深化改革为贯彻新发展理念提供体制机制保障

我国改革和发展实践告诉我们，唯有全面深化改革，才能更好践行新发展理念，破解发展难题、增强发展活力、厚植发展优势。党的十八届三中全会以来，我国主要领域改革主体框架基本确立，前期重点是夯基垒台、立柱架梁，中期重点在全面推进、积厚成势，现在要把着力点放到围绕完整、准确、全面贯彻新发展理念，加强系统集成、精准施策上来。我们要在已有改革基础上，立足贯彻新发展理念、构建新发展格局，坚持问题导向，围绕增强创新能力、推动平衡发展、改善生态环境、提高开放水平、促进共享发展等重点领域和关键环节，继续把改革推向深入，更加精准地出台改革方案，更加全面地完善制度体系。

---

① 《毛泽东文集》（第3卷），人民出版社1996年版，第202页。

（三）贯彻新发展理念中的重大问题

习近平总书记在省部级主要领导干部学习贯彻党的十八届五中全会精神专题研讨班上的讲话，就新发展理念的一些重大问题再次重申和强调了以下几个方面的问题。

1. 着力实施创新驱动发展战略

把创新摆在第一位，是因为创新是引领发展的第一动力。发展动力决定发展速度、效能、可持续性。对我国这么大体量的经济体来讲，如果动力问题解决不好，要实现经济持续健康发展和"两个翻番"是难以做到的。习近平总书记在专题研讨班上指出："虽然我国经济总量跃居世界第二，但大而不强、臃肿虚胖体弱问题相当突出，主要体现在创新能力不强，这是我国这个经济大块头的'阿喀琉斯之踵'。通过创新引领和驱动发展已经成为我国发展的迫切要求。"

经过多年努力，我国科技整体水平有了明显提高，正处在从量的增长向质的提升转变的重要时期，一些重要领域跻身世界先进行列。但是，当前我国关键核心技术受制于人的局面尚未根本改变，创造新产业、引领未来发展的科技储备远远不够，产业还处于全球价值链中低端，军事、安全领域高技术方面同发达国家仍有较大差距。我们必须把发展基点放在创新上，通过创新培育发展新动力，实现更多发挥先发优势的引领型发展。

创新是一个复杂的社会系统工程，涉及经济社会各个领域。坚持创新发展，既要坚持全面系统的观点，又要抓住关键，以重要领域和关键环节的突破带动全局。要超前谋划、超前部署，紧紧围绕经济竞争力的核心关键、社会发展的瓶颈制约、国家安全的重大挑战，强化事关发展全局的基础研究和共性关键技术研究，全面提高自主创新能力，在科技创新上取得重大突破，力争实现我国科技水平由跟跑并跑向并跑领跑转变。要以重大科技创新为引领，加快科技创新成果向现实生产力转化，加快构建产业新体系，做到人有我有、人有我强、人强我优，增强我国经济整体素质和国际竞争力。要深化科技体制改革，推进人才发展体制和政策创新，突出"高精尖缺"导向，实施更开放的创新人才引进政策，聚天下英才而用之。

2. 着力增强发展的整体性协调性

新形势下，协调发展具有一些新特点。比如，协调既是发展手段又是发展目标，同时还是评价发展的标准和尺度。再比如，协调是发展两点论和重点论的统一，一个国家、一个地区乃至一个行业在其特定发展时期既有发展优势、也存在制约因素，在发展思路上既要着力破解难题、补齐短板，又要考虑巩固和厚植原有优势，两方面相辅相成、相得益彰，才能实现高水平发展。又比如，协调是发展平衡和不平衡的统一，由平衡到不平衡再到新的平衡是事物发展的基本规律。平衡是相对的，不平衡是绝对的。强调协调发展不是搞平均主义而是更注重发展机会公平、更注重资源配置均衡。还比如，协调是发展短板和潜力的统一，我国正处于由中等收入国家向高收入国家迈进的阶段，国际经验表明，这个阶段是各种矛盾集中爆发的时期，发展不协调、存在诸多短板也是难免的。协调发展，就要找出短板，在补齐短板上多用力，通过补齐短板挖掘发展潜力、增强发展后劲。

习近平总书记要求我们，要学会运用辩证法，善于"弹钢琴"、处理好局部和全局、当前和长远、重点和非重点的关系，在权衡利弊中趋利避害、作出最为有利的战略抉择。从当前我国发展中不平衡、不协调、不可持续的突出问题出发，我们要着力推动区域协调发展、城乡协调发展、物质文明和精神文明协调发展，推动经济建设和国防建设融合发展。

同时，要发挥各地区比较优势，促进生产力布局优化，重点实施"一带一路"建设、京津冀协同发展、长江经济带发展三大战略，支持革命老区、民族地区、边疆地区、贫困地区加快发展，构建连接东中西、贯通南北方的多中心、网络化、开放式的区域开发格局，不断缩小地区发展差距。要坚持工业反哺农业、城市支持农村和多予少取放活方针，促进城乡公共资源均衡配置，加快形成以工促农、以城带乡、工农互惠、城乡一体的工农城乡关系，不断缩小城乡发展差距。要坚持社会主义先进文化前进方向，用社会主义核心价值观凝聚共识，汇聚力量，用优秀文化产品振奋人心、鼓舞士气，用中华优秀传统文化为人民提供丰润的道德滋养，提高精神文明建设水平。要统筹经济建设和国防建设，建立全要素、多领域、高效益的军民深度融合发展格局。

3. 着力推进人与自然和谐共生

生态环境没有替代品，用之不觉，失之难存。习近平总书记在专题研讨班上指出，"环境就是民生，青山就是美丽，蓝天也是幸福，绿水青山就是金山银山；保护环境就是保护生产力，改善环境就是发展生产力。在生态环境保护上，一定要树立大局观、长远观、整体观，不能因小失大、顾此失彼、寅吃卯粮、急功近利。我们要坚持节约资源和保护环境的基本国策，像保护眼睛一样保护生态环境，像对待生命一样对待生态环境，推动形成绿色发展方式和生活方式，协同推进人民富裕、国家强盛、中国美丽"。在重庆召开的推动长江经济带发展座谈会上，习近平总书记强调："长江经济带发展必须坚持生态优先、绿色发展，把修复长江生态环境摆在压倒性位置，共抓大保护，不搞大开发，就是这个考虑。"

因此，我们要保护生态环境务必坚定信念，坚决摒弃损害甚至破坏生态环境的发展模式和做法，决不能再以牺牲生态环境为代价换取一时一地的经济增长。要坚定推进绿色发展，推动自然资本大量增值，让良好生态环境成为人民生活的增长点、成为展现我国良好形象的发力点，让老百姓呼吸上新鲜的空气、喝上干净的水、吃上放心的食物、生活在宜居的环境中、切实感受到经济发展带来的实实在在的环境效益，让中华大地天更蓝、山更绿、水更清、环境更优美，走向生态文明新时代。

4. 着力形成对外开放新体制

我国 40 多年来的发展成就得益于对外开放。习近平总书记指出，一个国家能不能富强，一个民族能不能振兴，最重要的就是看这个国家、这个民族能不能顺应时代潮流，掌握历史前进的主动权。我们现在搞开放发展，面临的国际国内形势同以往有很大不同，总体上有利因素更多，但风险挑战不容忽视，而且都是更深层次的风险挑战。同时，习近平总书记指出可以从四个方面来看当前局势和环境变化。

一是国际力量对比正在发生前所未有的积极变化，新兴市场国家和发展中国家群体性崛起正在改变全球政治经济版图，世界多极化和国际关系民主化大势难逆，以西方国家为主导的全球治理体系出现变革迹象，但争夺全球治理和国际规则制定主导权的较量十分激烈，西方发达国家在经济、科技、政治、军事上的优势地位尚未改变，更加公正合理的国际政治经济秩序的形成依然任重道远。

二是世界经济逐渐走出国际金融危机阴影，西方国家通过再工业化总体保持复苏势头，国际产业分工格局发生新变化，但国际范围内保护主义严重，国际经贸规则制定出现政治化、碎片化苗头，不少新兴市场国家和发展中国家经济持续低迷，世界经济还没有找到全面复苏的新引擎。

三是我国在世界经济和全球治理中的分量迅速上升，我国是世界第二经济大国、最大货物出口国、第二大货物进口国、第二大对外直接投资国、最大外汇储备国、最大旅游市场，成为影响世界政治经济版图变化的一个主要因素，但我国经济大而不强问题依然突出，人均收入和人民生活水平更是同发达国家不可同日而语，我国经济实力转化为国际制度性权力依然需要付出艰苦努力。

四是我国对外开放进入引进来和走出去更加均衡的阶段，我国对外开放从早期引进来为主转为大进大出新格局，但与之相应的法律、咨询、金融、人才、风险管控、安全保障等都难以满足现实需要，支撑高水平开放和大规模走出去的体制和力量仍显薄弱。

这就是说，我们今天开放发展的大环境总体上比以往任何时候都更为有利，同时面临的矛盾、风险、博弈也前所未有，稍不留神就可能掉入别人精心设置的陷阱。

5. 着力践行以人民为中心的发展思想

共享理念实质就是坚持以人民为中心的发展思想，体现的是逐步实现共同富裕的要求，但实现这个目标需要一个漫长的历史过程。我国正处于并将长期处于社会主义初级阶段，我们不能做超越阶段的事情，但也不是说在逐步实现共同富裕方面就无所作为，而是要根据现有条件把能做的事情尽量做起来，积小胜为大胜，不断朝着全体人民共同富裕的目标前进。

党的十八届五中全会提出的共享发展理念，其内涵主要有四个方面。一是共享是全民共享。这是就共享的覆盖面而言的。共享发展是人人享有、各得其所，不是少数人共享、一部分人共享。二是共享是全面共享。这是就共享的内容而言的。共享发展就要共享国家经济、政治、文化、社会、生态各方面建设成果，全面保障人民在各方面的合法权益。三是共享是共建共享。这是就共享的实现途径而言的。共建才能共享，共建的过程也是共享的过程。要充分发扬民主，广泛汇聚民智，最大激发民力，形成人人参与、人人尽力、人人都有成就感的生动局面。四是共享是渐进共享。这是就共享发展的推进进程而言的。一口吃不成胖子，共享发展必将有个从低级到高级、从不均衡到均衡的过程，即使达到很高的水平也会有差别。我们要立足国情、立足经济社会发展水平来思考设计共享政策，既不裹足不前、铢施两较、该花的钱也不花，也不好高骛远、寅吃卯粮、口惠而实不至。这四个方面是相互贯通的，要整体理解和把握。

落实共享发展理念，一是要充分调动人民群众的积极性、主动性、创造性，举全民之力推进中国特色社会主义事业，不断把"蛋糕"做大。二是要把不断做大的"蛋糕"分好，让社会主义制度的优越性得到更充分体现，让人民群众有更多获得感。要扩大中等收入阶层，逐步形成橄榄型分配格局。特别要加大对困难群众的帮扶力度，做好脱贫攻坚与乡村振兴的有效衔接。习近平总书记强调，落实共享发展是一门大学问，要做好从顶层设计到"最后一公里"落地的工作，在实践中不断取得新成效。

三、构建新发展格局

构建以国内大循环为主体、国内国际双循环相互促进的新发展格局，是根据我国发展阶段、环境、条件变化，特别是基于我国比较优势变化，审时度势作出的重大决策。构建新发展格局是事关全局的系统性、深层次变革，是立足当前、着眼长远的战略谋划。在党的二十大上，习近平总书记强调要加快构建新发展格局，着力推动高质量发展。以中国式现代化全面推进中华民族伟大复兴，必须将构建新发展格局作为新发展阶段着力推动完成的重大历史任务，坚持以推动高质量发展为主题，为全面建成社会主义现代化强国提供坚实的物质技术基础。

从根本上说，构建新发展格局是适应我国发展新阶段要求、塑造国际合作和竞争新优势的必然选择。改革开放前，我国经济以国内循环为主，进出口占国民经济的比重很小。改革开放后，我们打开国门，扩大对外贸易和吸引外资。特别是 2001 年加入世贸组织后，我国深度参与国际分工，融入国际大循环，形成市场和资源"两头在外"的发展格局，对我们抓住经济全球化机遇快速提升经济实力、改善人民生活发挥了重要作用。2008年国际金融危机是我国发展格局演变的一个重要分水岭。面对严重的外部危机冲击，我们把扩大内需作为保持经济平稳较快发展的基本立足点，推动经济发展向内需主导转变，国内循环在我国经济中的作用开始显著上升。党的十八大以来，我们坚持实施扩大内需战略，使发展更多依靠内需特别是消费需求拉动。我国对外贸易依存度从 2006 年峰值的 67% 下降到 2019 年的近 32%，经常项目顺差占国内生产总值比重由最高时的 10% 以上降至目前的 1% 左右，内需对经济增长的贡献率有 7 个年份超过 100%。我们提出构建新发展格局，是对我国客观经济规律和发展趋势的自觉把握，是有实践基础的。

未来一个时期，我国国内市场主导经济循环的特征会更加明显，经济增长的内需潜力会不断释放。从需求看，我国拥有 14 亿多人口，其中有 4 亿多中等收入人群，我国商品零售额即将超过美国位居世界首位，今后还有稳步增长空间。从供给看，我国基于国内大市场形成的强大生产能力，能够促进全球要素资源整合创新，使规模效应和集聚效应最大化发挥。只要顺势而为、精准施策，我们完全有条件构建新发展格局、重塑新竞争优势。

（一）构建以国内大循环为主体、国内国际双循环相互促进的新发展格局

1. 构建新发展格局是把握发展主动权的先手棋，不是被迫之举和权宜之计

构建新发展格局，是主动谋划，不是被迫之举；是长期战略，不是权宜之计。习近平总书记强调，加快构建新发展格局，是我们把握未来发展主动权的战略举措，是为了在各种可以预见和难以预见的惊涛骇浪中增强我们的生存力、竞争力、发展力、持续力，是一场需要保持顽强斗志和战略定力的攻坚战、持久战。从国际比较看，大国经济的特征都是内需为主导、内部可循环。经过改革开放 40 多年的发展，我国已经成为全球第二大经济体和制造业第一大国，人均国内生产总值已经突破 1.2 万美元，适时调整国内经济循环和国际经济循环的关系是客观需要。鉴于发达国家的发展规律，人均国内生产总值达到 1 万美元是一个转折点，客观上必须从以出口为导向的发展模式逐步转向国内循环模式。从历史经验看，集中力量办好自己的事，是我们应对风险挑战的根本之策。

我国作为一个人口众多和超大市场规模的社会主义国家，在迈向现代化的历史进程中，必然要承受其他国家都不曾遇到的各种压力和严峻挑战。习近平总书记指出："中华民族伟大复兴绝不是轻轻松松、顺顺当当就能实现的，我们越发展壮大，遇到的阻力和压力就会越大，面临的外部风险就会越多。这是我国由大向强发展进程中无法回避的挑战，是实现中

华民族伟大复兴绕不过的门槛。"① 改革开放以来，我们遭遇过很多外部风险冲击，最终都能化险为夷，靠的就是办好自己的事、把发展立足点放在国内。在当前国际形势充满不稳定性不确定性以及我国发展比较优势变化的背景下，把发展立足点放在国内，更多依靠国内循环实现经济发展，有利于化解外部冲击和外需下降带来的影响，也有利于在极端情况下保证我国经济基本正常运行和社会大局总体稳定，确保中华民族伟大复兴进程不被迟滞甚至中断。

2. 构建新发展格局是开放的国内国际双循环，不是封闭的国内单循环

要理解构建新发展格局的内涵要义，就要科学认识国内大循环与国内国际双循环的关系。既不能只讲前半句，片面强调"以国内大循环为主体"，主张在对外开放上进行大幅度收缩；也不能只讲后半句，片面强调"国内国际双循环"，不顾国际格局和形势变化，固守"两头在外、大进大出"的旧思路。开放是国家进步的前提，封闭必然导致落后。以国内大循环为主体，绝不是关起门来封闭运行，而是通过发挥内需潜力，使国内市场和国际市场更好联通，以国内大循环吸引全球资源要素，更好利用国际国内两个市场两种资源，提高在全球配置资源能力，更好争取开放发展中的战略主动。尽管经济全球化遭遇了一些逆流，从长远来看，开放合作仍然是历史潮流，互利共赢依然是人心所向。习近平总书记在浦东开发开放30周年庆祝大会上强调："当今时代，任何关起门来搞建设的想法，任何拒人于千里之外的做法，任何搞唯我独尊、赢者通吃的企图，都是逆历史潮流而动的！"对外开放是我国的基本国策，是我国经济持续快速发展的重要动力，任何时候都不能动摇。我国经济已经深度融入世界经济，同全球很多国家的产业关联和相互依赖程度都比较高，内外需市场本身是相

① 中共中央党史和文献研究院编《习近平关于防范风险挑战、应对突发事件论述摘编》，中央文献出版社 2020 年版，第 4 页。

互依存、相互促进的。

我国绝不会走历史回头路，不会谋求"脱钩"或是搞封闭排他的"小圈子"。构建新发展格局，就是要在强大的国内循环基础上，实现国内国际双循环良性互动、相互促进。一方面，加强国内大循环在双循环中的主导作用，塑造我国参与国际合作和竞争新优势。国内循环越顺畅，越能形成对全球资源要素的引力场，越有利于构建新发展格局，越有利于形成参与国际竞争和合作新优势。实行高水平对外开放，必须具备强大的国内经济循环体系和稳固的基本盘，并以此形成对全球要素资源的强大吸引力、在激烈国际竞争中的强大竞争力、在全球资源配置中的强大推动力。另一方面，重视以国际循环提升国内大循环效率和水平，改善我国生产要素质量和配置水平。通过强化开放合作，参与国际市场竞争，既有利于推动我国产业转型升级，有效提升国内大循环的效率和水平，又有利于增强我国出口产品和服务竞争力，扩大我国在全球产业链供应链创新链中的影响力，提高我国在世界经济中的地位。

构建新发展格局，不仅是我国自身发展需要，而且将更好造福各国人民，彰显了中国推动世界经济发展的智慧和担当。2020 年，面对严峻复杂的国际形势、艰巨繁重的国内改革发展稳定任务特别是新冠疫情的严重冲击，以习近平同志为核心的党中央统筹做好经济社会发展工作，取得了率先控制疫情、复工复产、率先实现经济恢复的显著成绩，我国经济运行逐季改善、逐步恢复常态，成为全球唯一实现经济正增长的主要经济体。在 2020 年一季度国内生产总值同比下降 6.8% 的情况下，从当年二季度开始增速由负转正，走出了一条令世界惊叹的 V 型曲线。2020 年底，国内生产总值达 101.6 万亿元，比上年增长 2.3%，[①] 成为推动全球经济复苏的主要力量，世界普遍看好中国经济发展的前景。中国经济的巨大活力，

---

① 国家统计局：《中华人民共和国 2020 年国民经济和社会发展统计公报》，《人民日报》2021 年 3 月 1 日。

为世界经济复苏提供了重要支撑，为世界经济稳定发展增添了强劲动力。构建新发展格局，将更有效率地实现内外市场联通、要素资源共享，让中国市场成为世界的市场、共享的市场、大家的市场，为国际社会注入更多正能量。习近平总书记指出，在新发展格局下，中国市场潜力将充分激发，为世界各国创造更多需求；中国开放的大门将进一步敞开，同世界各国共享发展机遇；中国的对外合作将不断深化，同世界各国实现互利共赢。

3. 构建新发展格局是以全国统一大市场基础上的国内大循环为主体，不是各地都搞自我小循环

构建新发展格局的战略安排，提出以国内大循环为主体，是针对全国而言的，不是要求各地都搞省内、市内、县内的自我小循环。在实践中，我们要防范"各自为政、画地为牢，不关心建设全国统一的大市场、畅通全国大循环，只考虑建设本地区本区域小市场、搞自己的小循环"① 的认识误区。各地区各部门要自觉把本地区本部门工作纳入构建新发展格局中统筹考虑和谋划。要坚持全国"一盘棋"，更好发挥中央、地方和各方面积极性，推动部门高效联动、区域协同发展，形成国内统一大市场。各地区要找准自己在国内大循环和国内国际双循环中的位置和比较优势，找准服务和融入新发展格局的切入点，更好服务和融入新发展格局。有条件的地区可以率先探索有利于促进构建新发展格局的有效路径，发挥引领和带动作用。习近平总书记到地方考察时，多次强调地方要因地制宜找准定位，服务和融入新发展格局。如长三角区域要发挥优势，积极探索形成新发展格局的路径，率先形成新发展格局；深圳要增强畅通国内大循环和联通国内国际双循环的功能；浦东要努力成为国内大循环的中心节点和国内国际双循环的战略链接；西藏要服务和融入新发展格局，推动高质量发

---

① 习近平：《论把握新发展阶段、贯彻新发展理念、构建新发展格局》，中央文献出版社2021年版，第484页。

展，加强边境地区建设，抓好稳定、发展、生态、强边四件大事，等等。此外，构建新发展格局，要同实施京津冀协同发展、长江经济带发展、粤港澳大湾区建设、长三角一体化发展、黄河流域生态保护和高质量发展等区域重大战略，同西部大开发、东北全面振兴、中部地区崛起、东部率先发展等区域协调发展战略，同优化开发区、重点开发区、农产品主产区、重点生态功能区等各类主体功能区建设，同建设自由贸易试验区有机衔接起来，打造改革开放新高地。

（二）从全局高度准确把握和积极构建新发展格局

加快构建以国内大循环为主体、国内国际双循环相互促进的新发展格局，是"十四五"规划提出的一项关系我国发展全局的重大战略任务，需要从全局高度准确把握和积极推进。

近年来，经济全球化遭遇逆流，国际经济循环格局发生深度调整。新冠疫情也加剧了逆全球化趋势，各国内顾倾向上升。新冠疫情期间，习近平总书记到几个省进行调查研究，深入了解抗疫情况，调研复工复产中出现的问题。根据调研中的问题，习近平总书记提出要建立以国内大循环为主体、国内国际双循环相互促进的新发展格局，党的十九届五中全会对构建新发展格局作出全面部署。这是把握未来发展主动权的战略性布局和先手棋，是新发展阶段要着力推动完成的重大历史任务，也是贯彻新发展理念的重大举措。

我国作为一个人口众多和超大市场规模的社会主义国家，在迈向现代化的历史进程中，必然要承受其他国家都不曾遇到的各种压力和严峻挑战。毛泽东同志1936年在《中国革命战争的战略问题》中的一段话，至今都对我们有启示意义。他说："无论处于怎样复杂、严重、惨苦的环境，军事指导者首先需要的是独立自主地组织和使用自己的力量。被敌逼迫到被动地位的事是常有的，重要的是要迅速地恢复主动地位。如果不能恢复到这种地位，下文就是失败。主动地位不是空想的，而是具体的，物质的。"我们只有立足自身，把国内大循环畅通起来，努力炼就百毒不侵、金刚不坏之身，才能任由国际风云变幻，始终充满朝气生存和发展下去，没有任何人能打倒我们、卡死我们！加快构建新发展格局，就是要在各种可以预见和难以预见的狂风暴雨、惊涛骇浪中，增强我们的生存力、竞争力、发展力、持续力，确保中华民族伟大复兴进程不被迟滞甚至中断。

在实践中，习近平总书记提醒我们要注意防范一些认识误区：一是只讲前半句，片面强调"以国内大循环为主"，主张在对外开放上进行大幅度收缩；二是只讲后半句，片面强调"国内国际双循环"，不顾国际格局和形势变化；三是各自为政、画地为牢，不关心建设全国统一的大市场、畅通全国大循环，只考虑建设本地区本区域小市场、搞自己的小循环；四是认为畅通经济循环就是畅通物流，搞低层次物流循环；五是讲解决"卡脖子"技术难题，什么都自己干、搞重复建设，专盯"高大上"项目，不顾客观实际和产业基础，结果成了烂尾项目；六是讲扩大内需、形成国内大市场，又开始搞盲目借贷扩大投资、过度刺激消费，甚至又去大搞高能耗、高排放的项目；七是不重视供给侧结构性改革，只注重需求侧管理，无法形成供给创造需求的更高水平动态平衡；八是认为这只是经济科技部门的事，同自己部门关系不大，等等。这些认识都是片面的甚至是错误的，必须加以防范和纠正。

构建新发展格局的关键在于经济循环的畅通无阻，就像人们讲的要调理好统摄全身阴阳气血的任督二脉。经济活动需要各种生产要素的组合在生产、分配、流通、消费各环节有机衔接，从而实现循环流转。在正常情况下，如果经济循环顺畅，物质产品会增加，社会财富会积聚，人民福祉会增进，国家实力会增强，从而形成一个螺旋式上升的发展过程。如果经济循环过程中出现堵点、断点，循环就会受阻，在宏观上就会表现为增长速度下降、失业增加、风险积累、国际收支失衡等情况，在微观上就会表现为产能过剩、企业效益下降、居民收入下降等问题。在我国发展现阶段，畅通经济循环最主要的任务是供给侧有效畅通，有效供给能力强可以穿透循环堵点、消除瓶颈制约，可以创造就业和提供收入，从而形成需求能力。因此，我们必须坚持深化供给侧结构性改革这条主线，继续完成"三去一降一补"的重要任务，全面优化升级产业结构，提升创新能力、竞争力和综合实力，增强供给体系的韧性，形成更高效率和更高质量的投入产出关系，实现经济在高水平上的动态平衡。

习近平总书记强调："构建新发展格局最本质的特征是实现高水平的自立自强。当前，我国经济发展环境出现了变化，特别是生产要素相对优势出现了变化。劳动力成本在逐步上升，资源环境承载能力达到了瓶颈，旧的生产函数组合方式已经难以持续，科学技术的重要性全面上升。在这种情况下，我们必须更强调自主创新。因此，在"十四五"规划《建议》中，第一条重大举措就是科技创新，第二条就是突破产业瓶颈。我们必须把这个问题放在能不能生存和发展的高度加以认识，全面加强对科技创新的部署，集合优势资源，有力有序推进创新攻关的"揭榜挂帅"体制机制，加强创新链和产业链对接，明确路线图、时间表、责任制，适合部门和地方政府牵头的要牵好头，适合企业牵头的政府要全力支持。中央企业等国有企业要勇挑重担、敢打头阵，勇当原创技术的'策源地'、现代产业链的'链长'。"①

当今世界，最稀缺的资源是市场。市场资源是我国的巨大优势，必须充分利用和发挥这个优势，不断巩固和增强这个优势，形成构建新发展格局的雄厚支撑。扩大内需并不是应对金融风险和外部冲击的一时之策，也不是要搞大水漫灌，更不是只加大政府投入力度，而是要根据我国经济发展实际情况，建立起扩大内需的有效制度，释放内需潜力，加快培育完整内需体系，加强需求侧管理，扩大居民消费，提升消费层次，使建设超大规模的国内市场成为一个可持续的历史过程。

---

① 习近平：《把握新发展阶段，贯彻新发展理念，构建新发展格局》，《求是》2021 年第9 期。

构建新发展格局，实行高水平对外开放，必须具备强大的国内经济循环体系和稳固的基本盘，并以此形成对全球要素资源的强大吸引力、在激烈国际竞争中的强大竞争力、在全球资源配置中的强大推动力。既要持续深化商品、服务、资金、人才等要素流动型开放，又要稳步拓展规则、规制、管理、标准等制度型开放。要加强国内大循环在双循环中的主导作用，塑造我国参与国际合作和竞争新优势。要重视以国际循环提升国内大循环效率和水平，改善我国生产要素质量和配置水平。要通过参与国际市场竞争，增强我国出口产品和服务竞争力，推动我国产业转型升级，增强我国在全球产业链供应链创新链中的影响力。

（三）加强战略谋划和顶层设计

我们要从全局和战略的高度准确把握加快构建新发展格局的战略构想。正如习近平总书记在党的二十大上指出："我们要坚持以推动高质量发展为主题，把实施扩大内需战略同深化供给侧结构性改革有机结合起来，增强国内大循环内生动力和可靠性，提升国际循环质量和水平，加快建设现代化经济体系，着力提高全要素生产率，着力提升产业链供应链韧性和安全水平，着力推进城乡融合和区域协调发展，推动经济实现质的有效提升和量的合理增长。"

一是要把实施扩大内需战略同深化供给侧结构性改革有机结合起来，增强国内大循环内生动力和可靠性。这是畅通国民经济循环、增强国内大循环主体地位的重要基础。经济活动是一个动态的周而复始的循环过程。要推进深层次改革和强化政策引导，着力打通制约经济循环的关键堵点。要以满足国内需求为基本立足点，把实施扩大内需战略同深化供给侧结构性改革有机结合起来，着力提升供给体系对国内需求的适配性，形成需求牵引供给、供给创造需求的更高水平动态平衡。要加强现代流通体系建设，完善硬件和软件、渠道和平台，夯实国内国际双循环的重要基础。

二是提升国际循环质量和水平，实现高水平对外开放。对外开放是我国的基本国策。以开放促改革，以开放倒逼改革，是改革开放的实践逻辑，也是我国经济社会发展取得辉煌成就的重要法宝。对外开放是富民之路、强国之路。党的十八大以来，中国特色社会主义进入了新时代，立足新的历史方位，我国迎来了对外开放的新局面。过去40多年中，中国先是在沿海搞经济特区，然后再逐渐延伸到沿海的14个开放城市，再扩展到沿海的27个经济技术开发区，最后进一步扩展到中部、西部地区，是个逐渐的、波浪式的延伸扩展的过程。开放，是一种体制、一种制度、一种观念，它和地域无关。从开放布局看，我国的全面开放实现了沿海开放与内陆沿边开放的更好结合。"一带一路"建设推动内陆和沿边地区从开放的边缘区变为开放的核心区，逐步形成陆海内外联动、东西双向互济的开放格局。当前，我们更要继续提升国际循环质量和水平，稳步扩大规则、规制、管理、标准等制度型开放，加快建设贸易强国，继续推动共建"一带一路"高质量发展，维护多元稳定的国际经济格局和经贸关系，实现高水平对外开放。

三是加快建设现代化经济体系，着力提高全要素生产率，着力提升产业链供应链韧性和安全水平。建设现代化产业体系，坚持把发展经济的着力点放在实体经济上，推进新型工业化，加快建设制造强国、质量强国、航天强国、交通强国、网络强国、数字中国。打好关键核心技术攻坚战，加快攻克重要领域"卡脖子"技术，要充分激发人才创新活力，全方位培养、引进、用好人才，造就更多国际一流的科技领军人才和创新团队，培养具有国际竞争力的青年科技人才后备军，着力提高全要素生产率。同时，要把增强产业链供应链韧性和竞争力放在更加重要的位置，着力构建自主可控、安全高效的产业链供应链。要对重点行业产业链供应链进行系统梳理，摸清薄弱环节、找准风险点，分行业做好战略设计和精准施策，加快补齐产业链供应链短板，逐步在关系国家安全的领域和节点实现自主可控。要采取有力措施提高企业根植性，促进产业在国内有序转移，即使向外转移也要想方设法把产业链关键环节留在国内。

四是着力推进城乡融合和区域协调发展。在 2020 年底召开的中央农村工作会议上，习近平总书记强调，"要推动城乡融合发展见实效，健全城乡融合发展体制机制，促进农业转移人口市民化"。在全面实施乡村振兴战略的背景下，这是以习近平同志为核心的党中央对推动形成工农互促、城乡互补、协调发展、共同繁荣的新型工农城乡关系作出的明确部署。特别是作为国内大循环的重要组成部分，城乡之间的双向循环存在着若干亟须打通的堵点。因此，要多措并举、攻坚克难，加快梳理和破解城乡融合发展堵点，全面推进乡村振兴，坚持农业农村优先发展，巩固拓展脱贫攻坚成果，加快建设农业强国，扎实推动乡村产业、人才、文化、生态、组织振兴，全方位夯实粮食安全根基。

党的十八大以来，以习近平同志为核心的党中央高瞻远瞩、审时度势地提出了京津冀协同发展、长江经济带发展、粤港澳大湾区建设、长三角一体化发展、黄河流域生态保护和高质量发展、成渝地区双城经济圈建设等新的区域发展战略，深入推进西部大开发、东北全面振兴、中部地区崛起、东部率先发展。随着这些区域发展战略的实施，我国各区域经济总量不断攀升，经济结构持续优化，区域协调发展成效显著。未来还要继续促进区域协调发展，深入实施区域协调发展战略、区域重大战略、主体功能区战略、新型城镇化战略，优化重大生产力布局，构建优势互补、高质量发展的区域经济布局和国土空间体系。

五是推动经济实现质的有效提升和量的合理增长。经济发展的"量"和"质"是相互统一的。"量"是指经济发展的规模、速度、范围等；"质"是指经济发展的动力结构、消耗水平、比较优势、分配格局等。没有量的积累和支撑，则无法保障质的存在和持续稳定；如果降低质的要求，过度追求量的增长，则量的增长无法转化为质的实力。党的十八大以来，党中央作出我国经济已由高速增长阶段转向高质量发展阶段的重大判断，提质增效构成经济社会发展的主要目标任务，以供给侧结构性改革为主线，推动高质量发展成为经济工作的重点。这是基于改革开放以来经济高速增长作出的战略抉择，也是实现民族伟大复兴的必然要求。而质的提升并非一朝一夕就能完成，高质量发展不仅需要量的合理增长为质的提升夯实基础，而且量的合理增长也是实现高质量发展的重要内容，质的稳步提升和量的合理增长是推动实现高质量发展的实践路径。经济高质量发展就是将"质的有效提升"和"量的合理增长"统一起来。

四、推动高质量发展

（一）推动高质量发展的内涵

高质量发展是全面建设社会主义现代化国家的首要任务。高质量发展，是能够很好满足人民日益增长的美好生活需要的发展，是体现新发展理念的发展，是创新成为第一动力、协调成为内生特点、绿色成为普遍形态、开放成为必由之路、共享成为根本目的的发展。更明确地说，高质量发展，就是经济发展从"有没有"转向"好不好"。习近平总书记会见"2018 年从都国际论坛"外方嘉宾时指出："新时代中国经济发展的重要特征是，由高速增长转向高质量发展、从量的扩张转向质的提升。"推动高质量发展，是保持经济持续健康发展的必然要求，是适应我国社会主要矛盾变化、全面建设社会主义现代化国家的必然要求，是遵循经济规律发展的必然要求。

党的十八大以来，我们对经济发展阶段性特征的认识不断深化。2013年，党中央作出我国经济发展正处于增长速度换挡期、结构调整阵痛期和前期刺激政策消化期"三期叠加"阶段的判断，提出高速增长转向中高速增长的新常态。2014 年，党中央强调适应把握引领新常态是我国经济发展的大逻辑，我国经济正在向形态更高级、分工更优化、结构更合理的阶段演进。2017 年，党的十九大提出我国经济已由高速增长阶段转向高质量发展阶段。2020 年，党的十九届五中全会提出以推动高质量发展为主题。

2022年，党的二十大明确实现高质量发展是中国式现代化的本质要求。

高质量发展是"十四五"乃至更长时期我国经济社会发展的主题，关系我国社会主义现代化建设全局。这不只是一个经济要求，而是对经济社会发展方方面面的总要求；不是只对经济发达地区的要求，而是所有地区发展都必须贯彻的要求；不是一时一事的要求，而是必须长期坚持的要求。推动高质量发展，要更好统筹质的有效提升和量的合理增长，始终坚持质量第一、效益优先，大力增强质量意识，视质量为生命，以高质量为追求，不断增强经济竞争力、创新力、抗风险能力。坚定不移深化改革开放、深入转变发展方式，以效率变革、动力变革促进质量变革，加快形成可持续的高质量发展体制机制，推动我国经济在实现高质量发展上不断取得新进展。

当前，我国发展不平衡不充分问题仍然突出，面临的外部环境日趋复杂，但我国经济稳中向好、长期向好的基本面没有变，潜力足、韧性大、活力强、回旋空间大、政策工具多的基本特点没有变，我国发展具有的多方面优势和条件没有变。只要坚定必胜信念，保持战略定力，坚定不移推动高质量发展，我们就能够积极应对外部环境变化带来的冲击挑战，不断提高国际竞争力，增强国家综合实力和抵御风险能力，实现经济行稳致远、社会和谐安定。[①]

（二）推动高质量发展的重点领域

1. 深化供给侧结构性改革

推进供给侧结构性改革，是在全面分析国内经济阶段性特征的基础上调整经济结构、转变经济发展方式的治本良方，是培育增长新动力、形成先发新优势、实现创新引领发展的必然要求。要把推进供给侧结构性改革

---

① 中共中央宣传部编《习近平新时代中国特色社会主义思想学习纲要（2023年版）》，学习出版社、人民出版社2023年版，第143—144页。

作为当前和今后一个时期经济发展和经济工作的主线。

供给和需求是市场经济内在关系的两个基本方面，是既对立又统一的辩证关系。没有需求，供给就无从实现，新的需求可以催生新的供给；没有供给，需求就无法满足，新的供给可以创造新的需求。供给侧管理和需求侧管理是调控宏观经济的两个基本手段。需求侧管理，重在解决总量性问题，注重短期调控，主要通过调节税收、财政支出、货币信贷等来刺激或抑制需求。供给侧管理，重在解决结构性问题，注重激发经济增长动力，主要通过优化要素配置和调整生产结构来提高供给体系质量和效率。

供给侧结构性改革，既强调供给又关注需求，既突出发展社会生产力又注重完善生产关系，既发挥市场在资源配置中的决定性作用又更好发挥政府作用，既着眼当前又立足长远。习近平总书记在省部级主要领导干部学习贯彻党的十八届五中全会精神专题研讨班上指出："供给侧结构性改革的根本，是使我国供给能力更好满足广大人民日益增长、不断升级和个性化的物质文化和生态环境需要，从而实现社会主义生产目的。"推进供给侧结构性改革，主攻方向是提高供给质量，减少无效和低端供给，扩大有效和中高端供给，增强供给结构对需求变化的适应性和灵活性，提高全要素生产率。要继续深化供给侧结构性改革，突破供给约束堵点、卡点、脆弱点，以自主可控、高质量的供给适应满足现有需求，创造引领新的需求。

推进供给侧结构性改革同实施扩大内需战略是一致的。放弃需求侧谈供给侧，或放弃供给侧谈需求侧都是片面的，二者不是非此即彼、一去一存的替代关系，而是要相互配合、协调推进。要以满足国内需求为基本立足点，把实施扩大内需战略同深化供给侧结构性改革有机结合起来，着力提升供给体系对国内需求的适配性，形成需求牵引供给、供给创造需求的更高水平动态平衡。[①]

---

① 中共中央宣传部编《习近平新时代中国特色社会主义思想学习纲要（2023 年版）》，学习出版社、人民出版社 2023 年版，第 154 页。

2. 推进高水平科技自立自强

科技是第一生产力、第一竞争力，是全面建设社会主义现代化国家的基础性、战略性支撑。科技自立自强是国家强盛之基、安全之要，中国要强盛、要复兴，就一定要大力发展科学技术，增强自主创新能力，建设世界科技强国。

党的十八大以来，以习近平同志为核心的党中央坚持把创新摆在国家发展全局的突出位置，全面谋划科技创新工作，重大创新成果竞相涌现，一些前沿领域开始进入并跑、领跑阶段，科技实力正在从量的积累迈向质的飞跃，从点的突破迈向系统能力提升。当前，全球科技创新进入空前密集活跃的时期，围绕科技制高点的竞争空前激烈。要坚持面向世界科技前沿、面向经济主战场、面向国家重大需求、面向人民生命健康，加快实施创新驱动发展战略，加快实现高水平科技自立自强。

关键核心技术是"国之重器"，实践反复告诉我们，关键核心技术是要不来、买不来、讨不来的。习近平总书记形象地指出，如果核心元器件严重依赖外国，供应链的"命门"掌握在别人手里，那就好比在别人的墙基上砌房子，再大再漂亮也可能经不起风雨，甚至会不堪一击。只有把关键核心技术掌握在自己手中，才能从根本上保障国家经济安全、国防安全和其他安全。

实现高水平科技自立自强，必须打好关键核心技术攻坚战。要以关键共性技术、前沿引领技术、现代工程技术、颠覆性技术创新为突破口，集聚力量进行原创性引领性科技攻关，敢于走前人没走过的路，努力实现关键核心技术自主可控。统筹推进补齐短板和锻造长板，针对产业薄弱环节，实施好关键核心技术攻关工程，尽快解决一批"卡脖子"问题，同时在产业优势领域精耕细作，搞出更多独门绝技，加速科技成果向现实生产力转化，提升产业链水平。

核心技术的根源问题是基础研究问题，基础研究搞不好，应用技术就会成为无源之水、无本之木。加强基础研究是科技自立自强的必然要求，是从未知到已知、从不确定性到确定性的必然选择。要强化基础研究前瞻性、战略性、系统性布局，有组织推进战略导向的体系化基础研究、前沿导向的探索性基础研究、市场导向的应用性基础研究，把握科技发展大趋势，下好自主创新先手棋。

实现高水平科技自立自强，必须有一支能打硬仗、打大仗、打胜仗的战略科技力量，形成代表国家水平、国际同行认可、在国际上拥有话语权的科技创新实力。要完善党中央对科技工作统一领导的体制，健全新型举国体制，以国家战略需求为导向，优化配置创新资源，优化国家科研机构、高水平研究型大学、科技领军企业定位和布局，建立国家实验室体系，统筹推进国际科技创新中心、区域科技创新中心建设，加快建设国家战略人才力量，提升国家创新体系整体效能。

企业是科技和经济紧密结合的重要力量，是推动创新创造的生力军。要强化企业科技创新主体地位，加强企业主导的产学研深度融合，使企业真正成为技术创新决策、研发投入、科研组织、成果转化的主体，变"要我创新"为"我要创新"。发挥科技型骨干企业引领支撑作用，营造有利于科技型中小微企业成长的良好环境，支持专精特新企业发展，推动创新链产业链资金链人才链深度融合。中央企业等国有企业要勇挑重担、敢打头阵，勇当原创技术的"策源地"、现代产业链的"链长"。①

3. 建设现代化经济体系

建设现代化经济体系是我国发展的战略目标，是推动高质量发展、全面提高经济整体竞争力的必然要求。只有形成现代化经济体系，才能更好顺应现代化发展潮流和赢得国际竞争主动，也才能为其他领域现代化提供有力支撑。

现代化经济体系，是由社会经济活动各个环节、各个层面、各个领域

---

① 中共中央宣传部编《习近平新时代中国特色社会主义思想学习纲要（2023年版）》，学习出版社、人民出版社2023年版，第157页。

的相互关系和内在联系构成的有机整体。我们建设的现代化经济体系，要借鉴发达国家有益做法，更要符合中国国情、具有中国特色。要建设创新引领、协同发展的产业体系，统一开放、竞争有序的市场体系，体现效率、促进公平的收入分配体系，彰显优势、协调联动的城乡区域发展体系，资源节约、环境友好的绿色发展体系，多元平衡、安全高效的全面开放体系，充分发挥市场作用、更好发挥政府作用的经济体系。这几个体系是统一整体，要一体建设、一体推进。

现代化产业体系是新发展格局的基础。我国已基本形成规模大、体系全、竞争力强的产业体系，但多个产业"大而不强""全而不精"的问题依然存在，一些高端产业链对外依存度过高。同时，全球产业体系和产业链供应链呈现多元化布局、区域化合作、绿色化转型、数字化加速的态势，反映了经济发展规律和历史大趋势，不以人的意志为转移。这就要求我们顺应产业发展大势，统筹抓好产业升级和产业转移，打造自主可控、安全可靠、竞争力强的现代化产业体系。

实体经济是一国经济的立身之本，是财富创造的根本源泉，是国家强盛的重要支柱。不论经济发展到什么时候，实体经济都是我国经济发展、在国际经济竞争中赢得主动的根基。要坚持把发展经济的着力点放在实体经济上，推动资源要素向实体经济集聚、政策措施向实体经济倾斜、工作力量向实体经济加强，形成具有持续竞争力和支撑力的工业体系，推动形成战略性新兴产业和传统制造业并驾齐驱、现代服务业和传统服务业相互促进、信息化和工业化深度融合、军民融合发展的结构新格局。深化金融体制改革，强化金融服务功能，全面提高金融为实体经济服务的效率和水平。

制造业是立国之本、强国之基，抓实体经济一定要抓好制造业。要保持制造业比重基本稳定，巩固壮大实体经济根基，推动制造业高质量发展，加快建设制造强国。传统制造业是现代化产业体系的基底，要加快数字化转型，推广先进适用技术，着力提升高端化、智能化、绿色化水平。战略性新兴产业是引领未来发展的新支柱、新赛道，要推动战略性新兴产业融合集群发展，构建新一代信息技术、人工智能、生物技术、新能源、新材料、高端装备、绿色环保等一批新的增长引擎。

习近平总书记指出，产业链供应链在关键时刻不能掉链子，这是大国经济必须具备的重要特征。确保极端情景下国民经济循环畅通，必须切实提升产业链供应链韧性和安全水平，做到不仅能生存、还要有发展。要推动短板产业补链、优势产业延链，传统产业升链、新兴产业建链，增强产业发展的接续性和竞争力。优化生产力布局，推动重点产业在国内外有序转移，支持企业深度参与全球产业分工和合作，促进内外产业深度融合。

近年来，数字经济发展速度之快、辐射范围之广、影响程度之深前所未有，正在成为重组全球要素资源、重塑全球经济结构、改变全球竞争格局的关键力量。发展数字经济是把握新一轮科技革命和产业变革新机遇的战略选择，是新一轮国际竞争重点领域，我们一定要抓住先机、抢占未来发展制高点。要促进数字经济和实体经济深度融合，推进数字产业化和产业数字化，赋能传统产业转型升级，催生新产业新业态新模式，打造具有国际竞争力的数字产业集群，加快建设网络强国、数字中国。

基础设施是经济社会发展的重要支撑。建设现代化产业体系，必须优化基础设施布局、结构、功能和系统集成，构建系统完备、高效实用、智能绿色、安全可靠的现代化基础设施体系。要加快新型基础设施建设，加强交通基础设施建设，构建现代能源体系，加强水利基础设施建设，加强农业农村基础设施建设，为全面建设社会主义现代化国家打下坚实基础。①

（三）推动高质量发展的重大发展战略

党的十八大以来，以习近平同志为核心的党中央针对关系全局、事关长远的问题作出系统谋划和战略部署，实施了乡村振兴、区域协调发展、

---

① 中共中央宣传部编《习近平新时代中国特色社会主义思想学习纲要（2023年版）》，学习出版社、人民出版社2023年版，第163—164页。

新型城镇化等一系列重大发展战略，对我国经济发展变革产生深远影响。我们要紧紧围绕解决发展不平衡不充分的突出问题，深入实施国家重大发展战略，在整体推进中实现重点突破，以重点突破带动我国发展水平整体提升。

1. 实施乡村振兴战略

习近平总书记指出，农业强国是社会主义现代化强国的根基。没有农业强国就没有整个现代化强国；没有农业农村现代化，社会主义现代化就是不全面的。全面建设社会主义现代化国家，最艰巨最繁重的任务仍然在农村。建设农业强国，必须走中国特色社会主义乡村振兴道路，大力实施乡村振兴战略，全面推进乡村振兴。

实施乡村振兴战略，农业农村现代化是总目标，坚持农业农村优先发展是总方针，产业兴旺、生态宜居、乡风文明、治理有效、生活富裕是总要求，建立健全城乡融合发展体制机制和政策体系是制度保障。要坚持乡村全面振兴，实现乡村产业振兴、人才振兴、文化振兴、生态振兴、组织振兴，推动农业全面升级、农村全面进步、农民全面发展。

实施乡村振兴战略，必须统筹谋划、科学推进。要处理好长期目标和短期目标的关系，遵循乡村建设规律，坚持科学规划、注重质量、从容建设。处理好顶层设计和基层探索的关系，在贯彻落实党中央关于乡村振兴顶层设计前提下，发挥亿万农民的主体作用和首创精神，制定符合自身实际的实施方案。处理好充分发挥市场决定性作用和更好发挥政府作用的关系，发挥政府在规划引导、政策支持、市场监管、法治保障等方面的积极作用，加快推进农村重点领域和关键环节改革，激发农村资源要素活力。处理好增强群众获得感和适应发展阶段的关系，既围绕农民群众最关心最直接最现实的利益问题，加快补齐农村发展和民生短板，又要形成可持续发展的长效机制。①

---

① 中共中央宣传部编《习近平新时代中国特色社会主义思想学习纲要（2023年版）》，学习出版社、人民出版社2023年版，第158—159页。

2. 实施区域协调发展战略

我国幅员辽阔、人口众多，各地区自然资源禀赋差别之大在世界上是少有的，统筹区域发展从来都是一个重大问题。做好区域协调发展"一盘棋"这篇大文章，不能简单要求各地区在经济发展上达到同一水平，而是要根据各地区的条件，走合理分工、优化发展的路子。

新形势下促进区域协调发展，总的思路是：按照客观经济规律调整完善区域政策体系，发挥各地区比较优势，促进各类要素合理流动和高效集聚，增强创新发展动力，加快构建高质量发展的动力系统，增强中心城市和城市群等经济发展优势区域的经济和人口承载能力，增强其他地区在保障粮食安全、生态安全、边疆安全等方面的功能，形成主体功能明显、优势互补、高质量发展的区域经济布局。

要深入实施区域协调发展战略、区域重大战略、主体功能区战略。推动西部大开发形成新格局，推动东北全面振兴取得新突破，促进中部地区加快崛起，鼓励东部地区加快推进现代化。支持革命老区、民族地区加快发展，加强边疆地区建设，推进兴边富民、稳边固边。推进京津冀协同发展、长江经济带发展、长三角一体化发展，推动黄河流域生态保护和高质量发展。高标准、高质量建设雄安新区，推动成渝地区双城经济圈建设。健全主体功能区制度，逐步形成城市化地区、农产品主产区、生态功能区三大空间格局。发展海洋经济，保护海洋生态环境，加快建设海洋强国。[①]

3. 实施新型城镇化战略

城镇化既是经济发展的结果，又是经济发展的动力。在我们这样一个人口众多的发展中大国实现城镇化，在人类发展史上没有先例。必须坚持以人为本、四化同步、优化布局、生态文明、文化传承，推进以人为核心的新型城镇化。

---

① 中共中央宣传部编《习近平新时代中国特色社会主义思想学习纲要（2023 年版）》，学习出版社、人民出版社 2023 年版，第 159—160 页。

解决好人的问题是推进新型城镇化的关键。城镇化最基本的趋势是农村富余劳动力和农村人口向城镇转移，要把促进有能力在城镇稳定就业和生活的常住人口有序实现市民化作为首要任务，提高城镇人口素质和居民生活质量。推进人的城镇化需要长期努力，不可能一蹴而就，我们要有足够的历史耐心，遵循规律，因势利导，使之成为一个顺势而为、水到渠成的发展过程。

城市是我国经济、政治、文化、社会等方面活动的中心，城市建设是现代化建设的重要引擎。要坚持人民城市人民建、人民城市为人民，不断提升城市环境质量、人民生活质量、城市竞争力，建设和谐宜居、富有活力、各具特色的现代化城市，走中国特色城市发展道路。城市群是人口大国城镇化的主要空间载体。要以城市群、都市圈为依托构建大中小城市协调发展格局，推进以县城为重要载体的城镇化建设。城镇化是城乡协调发展的过程，必须走城乡融合发展之路。要协调推进乡村振兴战略和新型城镇化战略，加快建立健全城乡融合发展体制机制和政策体系，强化以工补农、以城带乡，推动形成工农互促、城乡互补、协调发展、共同繁荣的新型工农城乡关系。①

五、科学统筹发展与安全

统筹发展和安全，增强忧患意识，做到居安思危，是我们党治国理政的一个重大原则。党的十九届五中全会审议通过的"十四五"规划建议，就注重处理好发展和安全的关系，统筹发展和安全、建设更高水平的平安中国提出明确要求、作出工作部署，对在复杂环境下更好推进我国经济社会发展具有重大指导意义。习近平总书记指出，安全是发展的前提，发展

---

① 中共中央宣传部编《习近平新时代中国特色社会主义思想学习纲要（2023年版）》，学习出版社、人民出版社2023年版，第160—161页。

是安全的保障。前进道路上，我们既要善于运用发展成果夯实国家安全的实力基础，又要善于塑造有利于经济社会发展的安全环境，实现发展和安全互为条件、彼此支撑。必须坚持统筹发展和安全，增强机遇意识和风险意识，树立底线思维，把困难估计得更充分一些，把风险思考得更深入一些，注重堵漏洞、强弱项，下好先手棋、打好主动仗，有效防范化解各类风险挑战，确保社会主义现代化事业顺利推进。

（一）坚定不移把统筹发展与安全作为党治国理政的一个重大原则

当前发展仍是解决我国一切问题的基础和关键，破解各种突出矛盾和问题，防范化解重大风险，归根到底要靠发展。党的十九大报告指出，中国特色社会主义进入新时代，我国社会主要矛盾已经从人民日益增长的物质文化需要同落后的社会生产之间的矛盾转化为人民日益增长的美好生活需要和不平衡不充分的发展之间的矛盾。在我国社会主义初级阶段基本国情和最大发展中国家地位没有改变的大前提下，国家改革发展的主要问题与中心任务仍不会改变。党的十八大以来，习近平总书记多次强调，要坚持以发展为第一要务，坚定不移贯彻新发展理念，推动高质量发展。习近平总书记指出："以经济建设为中心是兴国之要，发展是党执政兴国的第一要务，是解决我国一切问题的基础和关键。"[1] "在前进的征程上，我们必须坚定不移把发展作为党执政兴国的第一要务。……发展是硬道理，是解决中国所有问题的关键。我们用几十年的时间走完了发达国家几百年走过的历程，最终靠的是发展。"[2] "实现全面建成小康社会奋斗目标，仍然要

---

[1]　中共中央文献研究室编《十八大以来重要文献选编》（中），中央文献出版社 2016 年版，第 245 页。

[2]　习近平：《在纪念中国人民抗日战争暨世界反法西斯战争胜利 69 周年座谈会上的讲话》，人民出版社 2014 年版，第 17 页。

把发展作为第一要务，努力使发展达到一个新水平。"① 在推动发展方面，党中央强调要坚定不移贯彻新发展理念，坚持稳中求进工作总基调，推动高质量发展，深化供给侧结构性改革，不断增强我国经济实力、科技实力、综合国力，为实现更高水平、更高层次的安全提供更为富裕的物质基础。

（二）保证国家安全是头等大事

在强调发展的重要性的同时，坚持统筹发展和安全理论强调要把安全作为与发展同等重要的另一件大事，把国家发展建立在更加安全、更为可靠的基础之上。"国家安全和社会稳定是改革发展的前提。只有国家安全和社会稳定，改革发展才能不断推进。当前，我国面临对外维护国家主权、安全、发展利益，对内维护政治安全和社会稳定的双重压力，各种可以预见和难以预见的风险因素明显增多。"② 党的十八大以来，习近平总书记提出了"国家安全是头等大事"、"公共安全是最基本的民生"、国家安全两个"十分重要"等重要论断。2014 年 4 月 15 日，习近平总书记在中央国家安全委员会第一次会议上的讲话中，首次提出了"国家安全是头等大事"的重要论断——"增强忧患意识，做到居安思危，是我们治党治国必须始终坚持的一个重大原则。我们党要巩固执政地位，要团结带领人民坚持和发展中国特色社会主义，保证国家安全是头等大事。"③ 在此后不同场合的讲话中，习近平总书记多次重申了"国家安全是头等大事"的重要论述。例如，2015 年 5 月，习近平总书记在主持十八届中央政治局第二十三次集体学习时首次提出了"公共安全是最基本的民生"的论述，并在此后的不同场合多次作了强调。9 月，他就公共安全工作作出指示强

---

① 中共中央文献研究室编《十八大以来重要文献选编》（中），中央文献出版社 2016 年版，第 828 页。

② 中共中央文献研究室编《十八大以来重要文献选编》（上），中央文献出版社 2014 年版，第 506 页。

③ 《习近平谈治国理政》（第 1 卷），外文出版社 2018 年版，第 200 页。

调，各级党委和政府要把公共安全作为重要民生工作抓紧抓好。2016 年 4 月 15 日，他在首个全民国家安全教育日到来之际作出指示强调："国泰民安是人民群众最基本、最普遍的愿望。实现中华民族伟大复兴的中国梦，保证人民安居乐业，国家安全是头等大事。"[①] 2020 年 12 月 11 日，习近平总书记在主持十九届中央政治局第二十六次集体学习时强调，国家安全工作两个"十分重要"——是党治国理政一项十分重要的工作，也是保障国泰民安一项十分重要的工作。

（三）坚持发展与安全并重

统筹发展和安全两件大事，意味着安全不再是简单地从属于发展、服务于发展，而是成为与发展同等重要的一个重大事项。换言之，安全既是发展的重要内涵（要求实现更为安全的发展），更是与发展处在同等重要地位的另一件大事（要求实现安全与发展并重）。[②]

2015 年 5 月 29 日，习近平总书记在主持十八届中央政治局第二十三次集体学习时强调，"要牢固树立安全发展理念，自觉把维护公共安全放在维护最广大人民根本利益中来认识，扎实做好公共安全工作，努力为人民安居乐业、社会安定有序、国家长治久安编织全方位、立体化的公共安全网"。2015 年 9 月，习近平总书记就公共安全工作作出指示；2016 年 10 月，习近平总书记就加强和创新社会治理作出指示；2017 年 1 月，习近平总书记就政法工作作出指示。党的十九大之后，习近平总书记在很多场合对各级党委、政府切实肩负起"促一方发展，保一方平安"的政治责任提出了具体明确的要求。

党的十九届五中全会审议通过的"十四五"规划建议，首次把统筹发展和安全纳入"十四五"时期我国经济社会发展的指导思想，并设置专章

---

① 中共中央党史和文献研究院编《习近平关于总体国家安全观论述摘编》，中央文献出版社 2018 年版，第 10 页。

② 钟开斌：《统筹发展和安全：理论框架与核心思想》，《行政管理改革》2021 年第 7 期。

对统筹发展和安全作出战略部署，强调把安全发展贯穿国家发展各领域和全过程，防范和化解影响我国现代化进程的各种风险，筑牢国家安全屏障。2020 年 12 月 11 日，习近平总书记在主持十九届中央政治局第二十六次集体学习时，把"坚持统筹发展和安全"列为贯彻总体国家安全观的基本要求之一，强调要坚持发展和安全并重，实现高质量发展和高水平安全的良性互动；努力实现发展和安全的动态平衡。2021 年 1 月 11 日，习近平总书记在省部级主要领导干部学习贯彻党的十九届五中全会精神专题研讨班开班式上的讲话中，把统筹发展和安全列为党的十八大以来我们党对发展理念和思路作出及时调整的一个重要方面，强调要从忧患意识把握新发展理念。总书记指出，随着我国社会主要矛盾变化和国际力量对比深刻调整，我国发展面临的内外部风险空前上升，必须增强忧患意识、坚持底线思维，随时准备应对更加复杂困难的局面。

第四章 新时代坚持和完善社会主义基本经济制度的改革指向

党的二十大提出以中国式现代化全面推进中华民族伟大复兴，并将此确定为新时代新征程中国共产党的中心任务。公有制为主体、多种所有制经济共同发展，按劳分配为主体、多种分配方式并存，社会主义市场经济体制等社会主义基本经济制度，是中国特色社会主义制度的重要支柱。所有制、分配制度、社会主义市场经济体制是"三位一体"的有机整体，分别从生产资料的所有制、分配制度、配置机制方面对经济运行进行了制度化规范，被视为"三位一体"的基本经济制度。

置身中国特色社会主义新时代，立足中国发展新的历史方位，我们需要紧密围绕高质量发展这一改革指向，秉承创新、协调、绿色、开放、共享的新发展理念，坚持和完善社会主义基本经济制度：在所有制层面坚持"两个毫不动摇"，做优做强市场主体；在分配制层面促进共同富裕，推动分配制度改革；加快完善社会主义市场经济体制，推动经济高质量发展。本章将围绕所有制、分配制与市场经济体制三个维度剖析我国的基本经济制度现状与改革重点，从而在经济制度层面更好地支撑高质量发展目标。

一、坚持党对经济的全面领导，做优做强市场主体

党的二十大报告提出，中国式现代化的本质要求是中国共产党的领导。在社会主义市场经济体制的建立、完善和运行中，坚持和加强中国共产党的领导是一切工作得以开展、一切制度优势得以发挥的根本保证。对

此，习近平总书记明确指出，坚持党的领导，发挥党总揽全局、协调各方的领导核心作用，是我国社会主义市场经济的一个重要特征。这阐明了社会主义市场经济体制的政治特征，深化了社会主义市场经济理论。党的十八届四中全会强调，党的领导是中国特色社会主义最本质的特征。在第十四届全国人民代表大会第一次会议上，习近平总书记提出："治国必先治党，党兴才能国强。推进强国建设，必须坚持中国共产党领导和党中央集中统一领导，切实加强党的建设。"从经济层面上理解，可以说党的领导也是社会主义市场经济体制"最本质的特征"。

在党的统一领导下，公有制经济和非公有制经济融合共生、共同发展，造就了举世瞩目的中国经济增长奇迹。党的领导的优越性在哪里？就在于它的先进性和统一性，集政治、思想、组织等一系列优势于一身。在做优做强市场主体方面，主要是通过政府发挥指导、协同功能。在我国，党的坚强有力领导是政府发挥作用的根本保证。党能够统揽全局、协调各方面力量。这主要体现在其把握方向、谋划全局、提出战略、制定政策、推动立法、营造良好环境等方面，尤其是坚持走中国特色社会主义道路，坚持经济改革和经济发展的正确方向，坚持两个一百年的奋斗目标，避免犯颠覆性错误。在党的领导下，我国面对逆全球化趋势与世纪疫情冲击，率先控制疫情、率先复工复产、率先实现经济增长由负转正，展现出了产业链韧性，成为世界经济的"压舱石"，体现了中国特色社会主义市场经济体制的制度优势，与中国共产党领导下的治理之"效"。

党的十九大将"两个毫不动摇"写入新时代坚持和发展中国特色社会主义的基本方略，作为党和国家一项大政方针被进一步确定下来。两个"毫不动摇"即毫不动摇巩固和发展公有制经济，毫不动摇鼓励、支持、引导非公有制经济发展，保证各种所有制经济依法平等使用生产要素、公平参与市场竞争、同等受到法律保护。这一基本主张始终贯穿于党和国家的治国理政过程中，并在具体实施过程中不断演进，被凝练为中国智慧。

党的十九届四中全会再次把公有制为主体、多种所有制经济共同发展的混合所有制经济制度作为中国特色社会主义基本经济制度的一项重要内容，这体现了社会主义制度优越性、包容性和与时俱进的特殊品质，也凸显了公有制为主体、多种所有制经济共同发展的混合所有制经济对中国特色社会主义建设的重大意义。①

党的二十大再次强调，毫不动摇巩固和发展公有制经济，毫不动摇鼓励、支持、引导非公有制经济发展。"两个毫不动摇"既是做优做强市场主体的关键支撑，也是我国社会主义基本经济制度的基本方略，还是保持经济健康发展、激发多元市场主体活力、推动高质量发展的重要保障。2023 年 3 月，在第十四届全国人民代表大会第一次会议上，《政府工作报告》再次重申，要切实落实"两个毫不动摇"，深化国资国企改革，鼓励支持民营经济和民营企业发展壮大。

2018 年 11 月，习近平总书记在民营企业座谈会上指出，"要把公有制经济巩固好、发展好，同鼓励、支持、引导非公有制经济发展不是对立的，而是有机统一的"。坚持"两个毫不动摇"，做优做强多元化的经济主体，以构建高水平社会主义市场经济体制激发市场主体活力，为经济高质量发展提供动力。2016 年 10 月，习近平总书记在全国国有企业党的建设工作会议上强调，要通过加强和完善党对国有企业的领导、加强和改进国有企业党的建设，使国有企业成为党和国家最可信赖的依靠力量。而国有企业的现代企业制度改革、国有经济与民营经济融合发展模式及其实现形式的探索、鼓励民营经济参与国企改革发展混合所有制经济的理论与实践创新、营造更为公平的法治环境与市场环境等，也成为中国共产党领导下的中国特色社会主义经济制度的重要内容。

---

① 黄群慧：《"十四五"时期我国所有制结构的变化趋势及优化政策研究》，《经济学动态》2020 年第 3 期。

（一）探索公有制多种实现形式，做强做优做大国资国企

我国的基本经济制度是公有制为主体、多种所有制经济共同发展。要坚持公有制为主体，国有经济在国民经济中发挥主导作用。公有制经济和非公有制经济都是社会主义市场经济的重要组成部分，都是我国经济社会发展的重要基础。我国基本经济制度是中国特色社会主义制度的重要支柱，也是社会主义市场经济体制的根基，公有制主体地位不能动摇，国有经济主导作用不能动摇。这是保证我国各族人民共享发展成果的制度性保证，也是巩固党的执政地位、坚持我国社会主义制度的重要保证。

在全面建设社会主义现代化国家的道路上，围绕高质量发展这一首要任务，党的二十大将"两个毫不动摇"作为高水平社会主义市场经济体制的核心内容。公有制是生产资料的所有制形式，由国家占有或劳动群众占有。它是从社会宏观角度对生产资料的占有形式进行界定，回答了社会主义所有制的基本性质。而公有制的实现形式是公有制经济在微观领域中的具体体现，实际是指生产资料公有制前提下的企业资本和财产的经营方式与组织方式。

党的十五大报告指出，在社会主义市场经济条件下，公有制的实现形式可以而且应当多样化，一切反映社会化生产规律的经营方式和组织形式都可以而且应该大胆利用。公有制不仅包括国有经济和集体经济，还可以采取股份合作制、合作制、股份公司等形式，在经营方式上可以实行租赁或者承包经营等方式。随着国有经济、集体经济改革的深化，多种所有制经济的发展，投资主体的多元化，公有制经济的实现形式日趋多样化。我们必须走出把公有制的某种具体形式等同于公有制本身的误区，立足于生产力的解放和发展，探索公有制实现形式的多样化。经过多年的改革，我国公有制总体上已经同市场经济相融合，同时，还需要在一些重要领域继续深化改革。

公有制经济是全体人民的宝贵财富，公有制主体地位不能动摇，国有

经济主导作用不能动摇，这是保证我国各族人民共享发展成果的制度性保证，也是巩固党的执政地位、坚持我国社会主义制度的重要保证。探索公有制多种实现形式，鼓励发展国有资本、集体资本、非公有资本等交叉持股、相互融合的混合所有制经济，实现各种所有制资本取长补短、相互促进、共同发展，使我国基本经济制度发挥出更大优越性。如股份制是现代企业的资本组织形式，企业采用股份制，有利于所有权和经营权的分离，有利于提高企业和资产的竞争水平和运作效率，私有制企业和公有制企业都可以采用股份制。通过股份制的实施，公有制企业特别是国有企业将实现投资主体多元化，创新了公有制实现形式，同时提升了国有资本的投资效率，切实做强做优做大了国有资本。

"十四五"规划指出，加快国有经济布局优化和结构调整，做强做优做大国有资本。国有资本是党和国家事业发展的重要物质基础和政治基础，要从推进国家现代化、维护国家安全的高度来理解其重要性。近年来，国有资本越来越成为经济社会健康发展的"稳定器"和改善民生福祉的"压舱石"。例如，在 2008 年的国际金融危机中，国有企业对我国经济企稳回升和人民生活保障均起到了举足轻重的作用；2020 年，面对前所未有的新冠疫情，国有生产企业全力以赴生产防疫物资，迎难而上推进复工复产，主动服务国家经济恢复，很好地诠释了国有企业的社会担当。[①]在党和国家的关键时刻，国有资本总是迎难而上，承担国家经济发展任务，保障社会长治久安。数据显示，截至 2021 年初，中央企业支出国有资本 1.21 万亿元，向社保基金划转股权。这正是全体人民共享发展成果的直接体现。

在探索公有制多种实现形式的进程中，做强做优做大国资国企事关我国发展道路和方向的根本性问题。国有资本与国有企业的健康发展是巩

---

① 范玉仙：《国有经济引领社会主义经济高质量发展的内在机制研究》，《西安交通大学学报》（社会科学版）2021 年第 4 期。

固和发展公有制经济的关键。2013 年 11 月，习近平总书记在党的十八届三中全会上重申，必须毫不动摇巩固和发展公有制经济，坚持公有制主体地位，发挥国有经济主导作用，不断增强国有经济活力、控制力、影响力。2016 年，习近平总书记在全国国有企业党的建设工作会议上再次强调，使国有企业成为党和国家最可信赖的依靠力量。

然而，我国的国有资本运营的效率、保值增值能力仍有较大提升空间，国有企业管理制度也有待完善。充分发挥国有经济战略支撑作用，必须推动国有资本战略性集中，有效提高投资、运营公司效率，发挥好党组织的作用，通过全面深化改革打造世界一流企业，提升国际竞争力。

在做强做优做大国资方面，一是要推进国有经济布局优化和结构调整，更多投向关系国家安全、国民经济命脉的重要行业和关键领域，服务国家战略目标，增强国有经济竞争力、创新力、控制力、影响力、抗风险能力①，做强做优做大国有资本。二是要形成以管资本为主的国有资产监管体制，有效发挥国有资本投资、运营公司功能作用，加大对企业授权放权力度，赋予企业更多自主权，进一步强化国有企业市场主体地位。三是要围绕供给侧结构性改革的主线，提高资源配置效率。推进主业的高质量发展，尤其是做优做强关系国民经济命脉的行业，同时退出不具备竞争力的其他产业，淘汰落后产能，在"有进有退"的策略中优化国有经济布局。

在做强做优做大国企方面，应坚持分类改革方向，处理好国企经济责任和社会责任关系，完善中国特色国有企业现代公司治理。2019 年 12 月，在中央经济工作会议上，习近平总书记指出国有企业是大国重器、镇国之宝。2023 年 3 月，在第十四届全国人民代表大会第一次会议上，《政府工作报告》再次重申，深化国资国企改革，提高国企核心竞争力。

---

① 中共中央宣传部编《习近平新时代中国特色社会主义思想学习纲要（2023 年版）》，学习出版社、人民出版社 2023 年版，第 148 页。

国有企业是中国特色社会主义的重要物质基础和政治基础，是我们党执政兴国的重要支柱和依靠力量。国有企业为我国经济社会发展、科技进步、国防建设、民生改善作出了历史性贡献。在中国共产党领导和我国社会主义制度下，国有企业不仅要办好，而且一定要办好。① 国有企业在构建新发展格局、推动高质量发展中，承担着建设现代化产业体系、提升产业链供应链韧性、服务国计民生等重大使命。近年来，国有企业虽然在很多行业和领域已经形成世界级规模的大企业大集团，但大而不强、大而不优的问题仍然存在，科技创新能力不强、关键核心技术"卡脖子"问题仍较为突出。在以习近平同志为核心的党中央的坚强领导下，国资国企系统以习近平新时代中国特色社会主义思想为指导，推动国企改革取得了突破性进展，形成了以《关于深化国有企业改革的指导意见》为统领、以35个配套文件为支撑的"1＋N"政策体系。这是改革开放以来国企改革领域最系统、最全面、最有针对性的政策体系，有力保证了国企改革有方向、有目标、有遵循，同时也为做强做优做大国有企业，突破关键核心技术指明了方向。

2020年6月30日，习近平总书记主持召开中央深改委第十四次会议，审议通过了《国企改革三年行动方案（2020—2022年)》，这是面向新发展阶段我国深化国有企业改革的纲领性文件，也是国有企业落实改革"1＋N"政策体系和顶层设计的具体施工图。党的十九届五中全会着眼"十四五"以及更长时期经济社会发展目标任务，对国资国企改革发展作出重大战略部署。2020年底召开的中央经济工作会议进一步强调要深入实施国企改革三年行动。国企改革三年行动将推动国有企业改革向纵深发展，以改革创新引领国资国企高质量发展，在构建新发展格局中展现新作为，为全面建设社会主义现代化国家作出重要贡献。

---

① 中共中央宣传部编《习近平新时代中国特色社会主义思想学习纲要（2023年版）》，学习出版社、人民出版社2023年版，第149页。

党的十九届六中全会审议通过的《中共中央关于党的百年奋斗重大成就和历史经验的决议》指出，支持国有资本和国有企业做强做优做大，建立中国特色现代企业制度，增强国有经济竞争力、创新力、控制力、影响力、抗风险能力，即增强国有经济"五力"。"五力"是对新时代国有经济改革发展目标的完整表述，体现了我国经济发展进入新阶段对国有经济改革发展的新要求。①

自国企改革三年行动以来，国资国企体制机制改革实现重大突破，国有企业的活力动力显著增强：一方面，加快公司制改革，积极推进经理层成员任期制和契约化管理，扎实推行职业经理人制度，统筹运用多种方式强化中长期激励；另一方面，更加积极稳妥地推动混合所有制改革，形成层级较为齐全、覆盖各环节的混改配套政策。与此同时，国有企业加快从管企业向管资本转变，进一步突出管资本重点职能，构建业务监督、综合监督、责任追究"三位一体"的监督工作闭环，国资监管体系更加完善。

从 2021 年世界 500 强企业名单来看，国家电网、中国石油、中国石化均名列前 10，但我国依然存在产品竞争力、研发创新等方面的短板。2022 年，国务院国有资产监督管理委员会再次强调要加快推动国有企业建设一批产品卓越、品牌卓著、创新领先、治理现代的世界一流企业。我们要以深化改革来带动国有企业现代治理能力的提升，激发企业各类要素活力，为提升国有经济的经济竞争力、创新力、控制力、影响力、抗风险能力提供制度保障。

由此，在未来的国企改革三年行动与增强国民经济"五力"的过程中，我们应当围绕完善中国特色现代企业制度这一核心，从以下几个方面开创国企改革新局面。

一是要推动国有企业全面落实"两个一以贯之"，把加强党的领导和完善国有企业现代企业制度统一起来，促进国有经济提质增效。"两个一

---

① 李政：《如何增强国有经济"五力"？》，《国企管理》2022 年第 5 期。

以贯之"即坚持党对国有企业的领导是重大政治原则,必须一以贯之;建立现代企业制度是国有企业改革的方向,也必须一以贯之。建立现代企业制度是国有企业改革的方向。国有企业应当坚持集约化发展、专业化运营、精益化管理原则,加快健全权责法定、权责透明、协调运转、有效制衡的公司治理机制,大力弘扬企业家精神,不断提高经营管理水平,增强抗风险能力,着力推进企业管理体系和管理能力现代化,有序推动内部重组整合,确保国有资产保值增值。在党的领导与现代企业制度的指导下,国有企业应始终坚持把着力点放在实体经济上,推进新型工业化,加快建设制造强国、质量强国、航天强国、交通强国、网络强国、数字中国。

二是要健全多层次公司治理机制,同时完善"管资本"为主的国有资本监管体制。聚焦管好资本布局、规范资本运作、提高资本回报、维护资本安全的总体目标,构建以"管资本"为主的"国资委–国有资本投资运营公司–国家参与出资的实体企业"国资监管体系,借助国有资本投资运营公司清晰区分国资委统一监管职能和出资人职能,并对不同行业领域与发展阶段的企业实现更为灵活的分类监管。

从组织架构来看,第一层次,由国务院和地方国资委负责规划国家与地区国有资本战略布局,任命国有资本投资、运营公司董事,确保其服务于国家战略;第二层次,国有资本投资、运营公司不仅应"自上而下"保障各级国资委整体设计在企业层面贯彻落实,更应"自下而上"反馈企业战略调整与改革需求并反向推动体制机制创新;第三层次,国家参与出资的国有独资企业、国资控股企业和国资参股企业应在接受相关机构必要监管的基础上以市场化机制自主经营。

从公司治理来看,要积极推行经理层成员任期制和契约化管理,推动管理人员能上能下,全面实行经理层任期管理,加快推行职业经理人制度。全面推进用工市场化,推动员工能进能出。健全业绩决定薪酬分配的机制,推动收入能增能减,推动薪酬分配向作出突出贡献的人才和一线关键苦脏险累岗位倾斜。支持更多国有企业运用国有控股上市公司股权激励、国有科技型企业股权和分红激励等中长期激励政策，充分激发骨干员工干事创业的积极性主动性创造性。通过不断健全国有企业的现代企业制度，充分激发企业活力。深化企业内部三项制度改革，提高核心竞争力，不断释放发展活力，创造更大经济价值。

三是要积极稳妥深化混合所有制改革。混合所有制改革虽以"混"促"改"使国有企业在治理改革中取得了较大进步，但仍需在以下两个方面深化制度建设。

一方面，需要进一步明晰混改国企治理结构权责界限，提升内部治理效率。混合所有制企业首先要坚持党的政治领导，推动党建工作与企业生产经营相融合，发挥党把方向、管大局、保落实的作用；其次应重视公司章程在公司治理中的基础性作用，明晰混改国企治理结构权责界限，将党组织、股东、董事会与经理层的权责关系在章程制度上加以规范；最后要加强董事会建设，鼓励战略投资者依据持股比例委派董事，积极引入具备专业技能的独立董事，充分落实董事会职权，建立董事会向经理层授权的管理制度，完善董事追责免责机制，着力督促董事高效履职。

另一方面，针对不同企业类型，分层推进混合所有制改革。要秉持"分层分类"原则，在紧密结合企业功能定位的基础上坚持国有资本"有进有退"，坚持因地施策、因业施策、因企施策。例如，地方国企是实现区域战略的关键抓手，地方国企混合所有制改革应契合地方总体规划与功能定位，有利于推动区域经济高质量发展，而中央企业现阶段则承担了"培育具有全球竞争力的世界一流企业"的使命，需借助混合所有制改革提升发展质量进而加快建成世界一流企业。

（二）深化农村集体产权制度改革，发展新型集体经济

党的二十大报告提出，要全面推进乡村振兴，坚持农业农村优先发展，巩固拓展脱贫攻坚成果，加快建设农业强国。深化农村集体产权制度改革，以新型集体经济释放农业农村发展活力，是农业强国建设的关键。

农村集体产权制度改革也是巩固社会主义公有制、完善农村基本经营制度的必然要求。农村集体经济是集体成员利用集体所有的资源要素，通过合作与联合实现共同发展的一种经济形态，是社会主义公有制经济的重要形式。由此，应深化农村集体产权制度改革，保障农民财产权益，壮大集体经济。

改革开放以来，农村实行以家庭承包经营为基础、统分结合的双层经营体制，极大解放和发展了农村社会生产力。适应健全社会主义市场经济体制新要求，不断深化农村集体产权制度改革，探索农村集体所有制有效实现形式，盘活农村集体资产，构建集体经济治理体系，形成既体现集体优越性又调动个人积极性的农村集体经济运行新机制，对于坚持中国特色社会主义道路，完善农村基本经营制度，增强集体经济发展活力，引领农民逐步实现共同富裕具有深远历史意义。

为探索农村集体所有制有效实现形式，创新农村集体经济运行机制，保护农民集体资产权益，调动农民发展现代农业和建设社会主义新农村的积极性，中共中央、国务院于2016年发布了《关于稳步推进农村集体产权制度改革的意见》。要求通过改革，逐步构建归属清晰、权能完整、流转顺畅、保护严格的中国特色社会主义农村集体产权制度，保护和发展农民作为农村集体经济组织成员的合法权益。科学确认农村集体经济组织成员身份，明晰集体所有产权关系，发展新型集体经济；管好用好集体资产，建立符合市场经济要求的集体经济运行新机制，促进集体资产保值增值；落实农民的土地承包权、宅基地使用权、集体收益分配权和对集体经济活动的民主管理权利，形成有效维护农村集体经济组织成员权利的治理体系。

"十四五"规划和2035年远景目标纲要提出，要深化农村集体产权制度改革，发展新型农村集体经济。2022年的中央一号文件再次明确提出巩固提升农村集体产权制度改革成果，探索新型农村集体经济发展路径。因此，"十四五"期间农村集体经济须秉持新发展理念，抓住以下重点实现高质量发展。

一是能人领办农村新型集体经济。乡村能人领办集体经济，不仅能聚集资源实现创新，而且能在金融资本短缺的农村深度整合乡村社会资本实现资本积聚。2021年中共中央办公厅、国务院办公厅印发《关于加快推进乡村人才振兴的意见》，指出要把乡村人力资本开发放在首要位置，吸引各类人才在乡村振兴中建功立业。近年来，农民专业合作社的兴起培育了一批乡村能人，部分城市农民工返乡也成为创业能人。

二是以差异化战略构筑错位竞争优势。在脱贫攻坚与乡村振兴统筹衔接过程中，部分集体经济已不同程度出现产业同构与同质化竞争现象。在农村集体经济商流、物流与城市园区经济相比不具有比较优势的前提下，必须强调差异化发展战略，实现新产品的差异化、新生产方法的差异化、新市场的差异化、新资源的差异化、新产业组织的差异化。关于差异化发展的重点，其一是突出绿色生态优势，实施基于原产地可追溯和质量标识的产品差异化战略；其二是培育知识产权和品牌优势的差异化；其三是数字化和产业组织模式的差异化。

三是与县域经济协同发展提升区位优势。集体经济与县域经济协同发展能增强集体经济的产业融合度、产业链长度、新兴产业带动度和要素整合度，是打破城乡分割、加速城乡融合的有效路径，诸如"社社联合"、龙头企业＋合作社、集体经济向二三产业融合的县域经济协同发展模式，必须在今后县域经济发展的总量和质量方面都有所体现。

四是实现治理机制创新。在集体经济的市场化进程中，依然要充分挖掘和发挥集体所有制下统分结合治理模式的各自优势。微观治理要强调"分"，这是市场竞争的内在要求；宏观治理要强调"统"，强化农村基层党组织的监管。集体组织作为所有权代理人须保证资产增值，通过集体公积金、公益金等形式实现集体组织的收益分配权。集体经济的治理路径就是责、权、利明晰，集体资产增值与收益分配实现动态平衡。而高效的集体经济治理也有助于集体经济强化外部市场分工，实现多渠道、多类型、多元化发展。

2023 年全国两会，围绕乡村振兴提出下一步工作的关键词：一是全面。全面彰显乡村的经济价值、生态价值、社会价值、文化价值。二是特色。要因地制宜，打造各具特色的乡村风貌，保护和传承好地域文化、乡土文化，不能千村一面。三是改革。要通过深化农村改革来促进乡村振兴，广大农民是乡村振兴的主体，必须充分调动他们的积极性，要让他们积极参与改革，并更好分享改革发展成果。未来，应围绕这三个关键词，深化农村集体产权制度改革，发展农村集体经济。

（三）健全非公有制经济健康发展的法治环境

我国非公有制经济是改革开放以来在中国共产党的方针政策指引下发展起来的，是稳定经济的重要基础，是国家税收的重要来源，是技术创新的重要主体，是金融发展的重要依托，是经济持续健康发展的重要力量。[①]党的二十大报告指出，全面依法治国是国家治理的一场深刻革命，关系党执政兴国，关系人民幸福安康，关系党和国家长治久安。2023 年 3 月，在第十四届全国人民代表大会第一次会议上，《政府工作报告》中提出："依法保护民营企业产权和企业家权益，完善相关政策，鼓励支持民营经济和民营企业发展壮大，支持中小微企业和个体工商户发展，构建亲清政商关系，为各类所有制企业创造公平竞争、竞相发展的环境，用真招实策稳定市场预期和提振市场信心。"非公有制经济的发展是激发各类市场主体的活力和促进创新发展的微观动力，有利于推动经济高质量发展，畅通国内经济大循环。在法治轨道上，健全非公有制经济健康发展的法治环境，保障和促进社会公平正义，建设中国特色社会主义法治体系。

在 2023 年全国两会期间，习近平总书记给予民营企业极大关注，指

---

① 中共中央宣传部编《习近平新时代中国特色社会主义思想学习纲要（2023 年版）》，学习出版社、人民出版社 2023 年版，第 149 页。

出，"我们始终把民营企业和民营企业家当作自己人，在民营企业遇到困难的时候给予支持，在民营企业遇到困惑的时候给予指导"。习近平总书记多次强调，非公有制经济在我国经济社会发展中的地位和作用没有变，我们毫不动摇鼓励、支持、引导非公有制经济发展的方针政策没有变，我们致力于为非公有制经济发展营造良好环境和提供更多机会的方针政策没有变。

法治环境是影响政府及其他公共部门管理活动的一个重要环境，也是国家治理体系和治理能力现代化的重要组成部分。民营经济是非公有制经济的主要经济组织形式，是我国经济制度的内在要素。要优化民营经济发展环境，依法平等保护民营企业产权和企业家权益，破除制约民营企业公平参与市场竞争的制度障碍，完善促进中小微企业和个体工商户发展的法律环境和政策体系，让民营经济创造活力充分迸发、不断发展壮大。①

市场经济是交易经济，在市场交易中，作为交易主体的供方和需求方，如果能够自主决策、公平竞争、自主负责，则市场交易才会有效率，无论是供方还是需求方，都能够实现自身效益的最大化，从整个社会来看，社会资源的配置才会有效率。这也就是说，市场经济必须是一个秩序经济和规范经济，从法治角度看，市场经济就是一个法治经济。非公有制企业作为市场经济主体，其发展壮大除自身的努力外，必须有一个好的发展环境。其中，法治环境是非公有制企业发展环境的核心内容。

立足新时代，高质量发展要求我们进一步改善非公有制经济发展的法治环境，促进非公有制经济持续、快速、健康发展。当前，我国正在努力构建稳定、公平、透明的法治环境，并坚持权利平等、机会平等、规则平等，推动健全以公平为核心原则的产权保护制度，不断激发非公有制经济活力和创造力。然而，非公有制经济高质量发展仍面临诸多法治障碍，需

---

① 中共中央宣传部编《习近平新时代中国特色社会主义思想学习纲要（2023年版）》，学习出版社、人民出版社2023年版，第149—150页。

要通过科学立法、严格执法、公正司法的全方位体制机制，营造良好的法治环境，疏解非公有制经济健康发展的主要矛盾。

依据新时代社会主义法治建设的国家方针，我们需要疏通立法、执法、司法环节的主要障碍，从以下三个方面健全非公有制经济发展的法治环境。

一是在立法层面，以宪法为核心推进科学立法、民主立法、依法立法。党的二十大报告指出，我们要完善以宪法为核心的中国特色社会主义法律体系，加强重点领域、新兴领域、涉外领域立法，推进科学立法、民主立法、依法立法。在非公有制经济领域，应坚持公有财产和私有财产一视同仁、平等保护的原则，形成以宪法为核心、以民法典为重点，位阶分明、统一有序、公正平等的法律体系，从法律层面明确非公有制经济的平等地位。进一步完善私有产权保护的法律制度，尤其是要加强对公民私有财产的保护，使非公有制经济的合法权益得到保障。

二是在执法层面，进一步提高依法行政能力。扎实推进依法行政，转变政府职能，优化政府职责体系和组织结构，提高行政效率和公信力，全面推进严格规范公正文明执法。增强依法行政的思想观念和贯彻公正执法的原则，培育自觉为非公有制经济服务的执政理念，认真贯彻适用统一的法律原则，平等保护各类民事主体的合法权益。

三是在司法层面，进一步提升司法保障水平。优化非公有制经济发展的司法环境，关键在于落实平等的司法理念，不断提高司法保障水平，确保司法公正，保障非公有制经济享有平等的起诉权利、诉讼地位、诉讼程序以及法律适用等。严格公正司法，深化司法体制综合配套改革，全面准确落实司法责任制，加快建设公正高效权威的社会主义司法制度。建立和完善公平公正的司法审判机制和司法监督机制，明确非公有制经济与公有制经济以及政府的平等地位，依法严厉打击各类侵犯非公有制经济合法权益的违法活动，保护非公有制经济的合法权益不受侵害。

最终，我们要以健全的执法司法对民营企业的平等保护机制和保护民营企业和企业家合法财产为重点，不断完善法治制度，健全非公有制主体健康发展的法治环境。

（四）营造市场主体平等经营竞争的市场环境

党的十九届五中全会确定了将市场主体更加充满活力作为我国"十四五"时期经济社会发展的重要目标，将激发各类市场主体活力作为全面深化改革、构建高水平社会主义市场经济体制的重要任务。这是以习近平同志为核心的党中央立足坚持和完善社会主义基本经济制度，着眼全面建设社会主义现代化国家作出的重大战略部署。构建高水平社会主义市场经济体制，要完善产权保护、市场准入、公平竞争、社会信用等市场经济基础制度，优化营商环境。2023年全国两会期间，《政府工作报告》强调，要为各类所有制企业创造公平竞争、竞相发展的环境，用真招实策稳定市场预期和提振市场信心。市场主体是社会主义市场经济的微观基础，是经济社会发展的力量载体。充分激发亿万市场主体活力，增强经济社会发展动能，对于"十四五"时期我国进入新发展阶段，积极应对国内外严峻复杂形势，推动形成以国内大循环为主体、国内国际双循环相互促进的新发展格局，具有重大而深远的意义。

营造优良市场环境是促进经济主体发展的关键因素。市场环境对于打造吸引人才和投资高地，激发市场主体内生动力和企业家精神，推动经济高质量发展均有着重要作用，是生产力的重要体现。公有与非公有市场主体的和谐共生依赖于公平的市场环境。当前，我国在减轻税费负担、破解融资难题、营造良好市场环境、完善政策执行方式、构建亲清新型政商关系、保护企业家人身财产安全等方面提出了一系列支持市场主体发展壮大的举措，营造了良好的市场环境，一定程度化解了市场主体长期存在的融资困难、市场准入、平等发展等问题。尤其公有制经济与非公有制经济依法平等使用生产要素、公开公平公正参与市场竞争、同等受到法律保护的环境正在形成，经济活力和创造力不断增强。

《2021 年度中国营商环境研究报告》显示，我国的政策政务、社会法治环境、减税降费措施、贸易投资便利化均有显著提升，全国营商环境评价为 4.38 分，较 2020 年提高 0.03 分。然而，政策制度在实施过程中，存在不接地气、不贴现实的地方政策，对民营经济主体的培育也处于探索阶段。同时，政策存在缺乏连续性、申报复杂性、地域隔绝性等问题，未能削弱制度障碍，甚至引发"国进民退"的猜测。这导致了非公有制经济主体在市场准入方面仍存在诸多壁垒，发展空间受阻，并且在公平竞争方面仍存在资源配置不公平的现象。① 在基本经济制度的完善过程中，我们还需要进一步为市场主体的共同发展营造公平的市场环境。

当前，营造良好的市场环境体现在四个关键性问题上：市场主体公平参与市场竞争有没有保障；市场主体合法权益能否得到平等保护；尊重和激励市场主体的政商关系和社会氛围是否良好；政府部门工作人员的政策水平、专业服务水平是否符合企业家的要求。围绕这四个关键问题，我们需要从沟通渠道、政策制定、服务模式、履约机制方面优化市场环境。

一是建立规范化机制化政企沟通渠道。地方各级部门要采取多种方式经常听取企业的意见和诉求，畅通企业家提出意见的诉求通道。鼓励行业协会商会、人民团体在畅通企业与政府沟通等方面发挥建设性作用。

二是完善涉企政策制定和执行机制。政府部门制定实施涉企政策时，要充分听取相关企业意见建议。要保持政策连续性稳定性，健全涉企政策全流程评估制度，完善涉企政策调整程序，根据实际设置合理过渡期，给企业留出必要的适应调整时间。

三是创新企业服务模式。进一步提升政府服务意识和能力，鼓励各级政府编制政务服务事项清单并向社会公布。维护市场公平竞争秩序，完善陷入困境优质企业的救助机制。建立政务服务"好差评"制度。完善对企

---

① 董志勇、蒋少翔、梁银鹤：《非公经济高质量发展的制度障碍及其优化路径》，《新视野》2020 年第 6 期。

业全生命周期的服务模式和服务链条。

四是建立政府诚信履约机制。各级政府要认真履行在招商引资、政府与社会资本合作等活动中与企业依法签订的各类合同。建立政府失信责任追溯和承担机制，对企业因国家利益、公共利益或其他法定事由需要改变政府承诺和合同约定而受到的损失，要依法予以补偿。

另外，中国经济发展存在着空间差异和极化效应，经济主体的发展还存在着不均衡、不协调的现象。[①] 因此，地区优化市场环境还将有利于地区的协调发展，契合协调的新发展理念内涵，助力地区经济高质量发展。

二、加快完善社会主义市场经济体制，推动经济高质量发展

社会主义市场经济体制是中国特色社会主义的重大理论和实践创新，是社会主义基本经济制度的重要组成部分。我们党经过长期艰辛探索和实践，摆脱了把社会主义和市场经济对立起来的传统观念，实现了从高度集中的计划经济体制到充满活力的社会主义市场经济体制的历史性转变，不断解放生产力、发展经济，开辟了中国特色社会主义道路，在 40 余年间创造了从经济相对落后到经济总量位居世界第二的增长奇迹。

以党的十九大为开端，中国经济转挡换轨，从高速增长阶段迈入高质量发展阶段。以习近平新时代中国特色社会主义思想为指导，在高质量发展阶段我们要坚定不移贯彻新发展理念，以深化供给侧结构性改革为主线，坚持质量第一、效益优先，切实转变发展方式，推动质量变革、效率变革、动力变革，使发展成果更好惠及全体人民，不断实现人民对美好生活的向往。党的二十大再次明确，高质量发展是全面建设社会主义现代化国家的首要任务，并将构建高水平社会主义市场经济体制、坚持和完善社

---

① 吕承超、张学民：《中国民营经济发展空间差异与极化研究——基于金融危机后中国民营企业 500 强省际数据的实证分析》，《经济与管理》2015 年第 3 期。

会主义基本经济制度作为推动高质量发展的重要战略之一。2023 年 3 月，在第十四届全国人民代表大会第一次会议上，习近平总书记继续强调，在强国建设、民族复兴的新征程上，我们要坚定不移推动高质量发展。2023 年全国两会期间，习近平总书记在参加江苏代表团审议时特别强调，要牢牢把握高质量发展这个首要任务。

高质量发展的推进需要完整、准确、全面贯彻新发展理念，加快构建新发展格局，着力推动高质量发展。围绕经济高质量发展这一主题，既要充分发挥市场在资源配置中的决定性作用，又要更好发挥政府作用，不断完善社会主义市场经济体制。面对中美贸易摩擦与新冠疫情等不确定事件下的需求收缩与供给冲击，2021 年我国国内生产总值比上年增长 8.1%，经济总量达 114.4 万亿元，突破 110 万亿元。这彰显了我国经济的韧性与制度的优越性。

然而，当前仍然存在市场激励不足、要素流动不畅、资源配置效率不高、微观经济活力不强等突出问题，成为制约经济从高速增长迈入高质量发展的重要因素。究其根源，我们还面临着如何实现公有制与市场机制相结合这一根本性困境。构建机制有效、微观主体有活力、宏观调控有度的社会主义市场经济体制，是中国当前经济改革和发展的核心问题，也是疏解上述困境的有效途径。习近平总书记曾指出，坚持社会主义市场经济改革方向，核心问题是处理好政府和市场的关系，使市场在资源配置中起决定性作用和更好发挥政府作用。要坚持和完善社会主义基本经济制度，构建全国统一大市场，加快建立社会公平保障体系，深入推进司法体制改革，健全基本公共服务体系，扎实推进共同富裕取得更为明显的实质性进展。[①] 因此，我们更要精准把握政府与市场的关系，发挥市场效率优势和政府制度优势，形成有效市场和有为政府相互促进的新格局，将市场和政

---

① 中共中央宣传部编《习近平新时代中国特色社会主义思想学习纲要（2023 年版）》，学习出版社、人民出版社 2023 年版，第 64 页。

府有机统一于高质量发展中，疏通要素市场堵点，规范和引导资本良性发展，为经济的高质量发展提供强大动力。

（一）处理好政府与市场的关系

社会主义和市场经济的关系，是社会主义经济理论和实践发展中的一个重大问题。发展社会主义市场经济是我们党的一个伟大创造，我们是在中国共产党领导和社会主义制度的大前提下发展市场经济，既发挥了市场经济的长处，又发挥了社会主义制度的优越性。处理好政府与市场的关系是经济体制改革的核心。习近平总书记指出，坚持社会主义市场经济改革方向，核心问题是处理好政府和市场的关系。处理好政府和市场的关系，实际上就是要处理好在资源配置中市场起决定性作用还是政府起决定性作用这个问题。[①]

在社会主义制度建立以后，党选择什么样的经济体制，是一个重大的理论和实践问题，其核心在于如何认识政府和市场的关系。处理好市场与政府的关系成为完善社会主义市场经济体制的关键，既要让市场在资源配置中起决定性作用，又要发挥好政府作用。在市场作用和政府作用的问题上，要讲辩证法、两点论。使市场在资源配置中起决定性作用，更好发挥政府作用，二者是有机统一的，不是相互否定的，不能把二者割裂开来、对立起来，既不能用市场在资源配置中的决定性作用取代甚至否定政府作用，也不能用更好发挥政府作用取代甚至否定市场在资源配置中起决定性作用。要用好"看不见的手"和"看得见的手"，推动有效市场和有为政府更好结合。[②]

在十八届中央政治局第二十八次集体学习时，习近平总书记还指出："在社会主义条件下发展市场经济，是我们党的一个伟大创举。我国经济发展获得巨大成功的一个关键因素，就是我们既发挥了市场经济的长处，

---

① 中共中央宣传部编《习近平新时代中国特色社会主义思想学习纲要（2023 年版）》，学习出版社、人民出版社 2023 年版，第 150—151 页。

② 同上书，第 152 页。

又发挥了社会主义制度的优越性。"经济增长奇迹为形成中国特色的市场经济体制提供了现实依据，也表明中国共产党领导下的社会主义制度，在充分协调市场与政府的关系方面具有独特的制度优势。这一优越性的背后正是中国共产党所领导的政府与社会主义市场相辅相成的结果。

首先，在经济社会发展进程中，只有强调党在完善社会主义市场经济体制中的核心地位，才能处理好政府与市场的关系，同时发挥社会主义与市场经济的优势，这也成为完善社会主义市场经济体制的根本保证。社会主义市场经济的特殊规律，就是在中国共产党领导的社会主义制度框架内运行的市场经济机制。这一机制能够充分发挥市场在资源配置中的决定性作用和更好地发挥政府作用，克服市场经济的弊端，为发展社会生产力和实现共同富裕服务。要完善社会主义市场经济体制，就势必要充分发挥党的指引作用和保证作用，必须坚持党对经济的科学领导，必须克服把市场经济与政治、政党对立起来的片面认识，充分发挥社会主义制度的政治优势。党的坚强有力领导是政府发挥作用的根本保证，也是政治和经济有机统一的基石。这就需要坚持发挥我国社会主义制度的优越性、发挥政党和政府的积极作用。

其次，在处理政府与市场的关系中，需要把遵循市场规律要求和坚持从具体实际出发一致起来。要坚持市场优先，充分发挥市场对资源要素配置的决定性作用。市场决定资源配置是市场经济的一般规律，市场经济本质上就是市场决定资源配置的经济。健全社会主义市场经济体制必须遵循这条规律，着力解决市场体系不完善、政府干预过多和监管不到位问题。要积极稳妥从广度和深度上推进市场化改革，减少政府对资源的直接配置，减少政府对微观经济活动的直接干预，把市场机制能有效调节的经济活动交给市场，把政府不该管的事交给市场，让市场在所有能够发挥作用的领域都充分发挥作用，推动资源配置实现效益最大化和效率最优化。[①]

① 中共中央宣传部编《习近平新时代中国特色社会主义思想学习纲要（2023年版）》，学习出版社、人民出版社2023年版，第151页。

社会主义市场经济发展就是要将市场作为资源配置的主体，构建公平开放透明的市场运行规则，提高资源的配置效率，以尽可能少的资源投入生产尽可能多的产品、获得尽可能大的效益；要削弱市场壁垒，打破地方保护与市场分割，建设高标准市场体系，促进商品要素资源在更大范围内畅通流动，形成高效规范、公平竞争、充分开放的全国统一大市场，提升市场配置资源的能力，为构建高水平社会主义市场经济体制提供坚强支撑。同时，政府还必须遵循这一市场规律，以合适力度与科学方式去完善市场供求机制、价格机制、竞争机制等。

最后，科学的宏观调控，有效的政府治理，是社会主义市场经济体制的内在要求。政府的宏观调控，对市场依法管理，加强和优化公共服务，促进公平正义和社会稳定，实现共同富裕，都是政府职能。即使是在微观层次，有些方面的资源配置也不能主要依靠市场，如生态文明建设、农业生产力的提升，最重要的也得靠政府职能。市场中的风险，也必须运用政府的力量来规避和弥补。然而，政府对市场资源的过度配置，也可能对市场效率带来负面影响。要处理好政府与市场的关系，就势必要明确界定政府作用的边界，在消除"政府万能或市场万能"等错误观念的同时，又找准政府和市场相互补位、协调配合的结合点，实现"有效的市场"和"有为的政府"。对此，2020年5月，中共中央、国务院印发《关于新时代加快完善社会主义市场经济体制的意见》提出，坚持正确处理政府和市场关系，坚持社会主义市场经济改革方向，更加尊重市场经济一般规律，最大限度减少政府对市场资源的直接配置和对微观经济活动的直接干预，充分发挥市场在资源配置中的决定性作用，更好发挥政府作用，有效弥补市场失灵。这是对当前和今后一个时期深化经济体制改革、加快完善社会主义市场经济体制进行的顶层设计。

（二）推进要素市场制度建设

2019年11月26日，中共中央审议通过了《关于构建更加完善的要素市场化配置体制机制的意见》，指出完善要素市场化配置是建设统一开放、竞争有序市场体系的内在要求，是坚持和完善社会主义基本经济制度、加快完善社会主义市场经济体制的重要内容。在高质量发展阶段，完善要素市场化配置能够解决经济结构性矛盾，化解要素配置扭曲困境，为高质量发展提供要素活力。党的二十大提出，我们要坚持以推动高质量发展为主题，把实施扩大内需战略同深化供给侧结构性改革有机结合起来，增强国内大循环内生动力和可靠性。要素市场改革是深入推进供给侧结构性改革的题中应有之义，亦是疏通国内大循环堵点的关键。与此同时，经济体制改革必须以完善产权制度和要素市场化配置为重点，实现产权有效激励、要素自由流动、价格反应灵活、竞争公平有序、企业优胜劣汰。

推进要素市场制度建设的关键是要处理好市场与政府的关系，促进"无形的手"与"有形的手"相结合，着力提高全要素生产率。一方面，要充分发挥市场在资源配置中的决定性作用，加快建设高标准市场体系，健全市场体系基础制度。市场机制是迄今为止人类社会最富有活力和生命力的资源配置手段，也是当今社会其他任何机制都无法替代的一种基础性、主导性力量。[①] 坚持市场在资源配置中的决定性作用，是国家对引领经济发展的动力机制作出的重大战略性选择，是中国共产党百年伟大奋斗积累的宝贵历史经验。要充分发挥市场配置资源的决定性作用，畅通要素流动渠道，保障不同市场主体平等获取生产要素，推动要素配置依据市场规则、市场价格、市场竞争实现效益最大化和效率最优化。

一是要坚持平等准入、公正监管、开放有序、诚信守法，形成高效规范、公平竞争的国内统一市场，激发各类市场主体活力和内生动力。2022年4月10日，《中共中央 国务院关于加快建设全国统一大市场的意见》发布，以习近平新时代中国特色社会主义思想为指导，旨在加快建立全国统一的市场制度规则，打破地方保护和市场分割，打通制约经济循环的关键堵点，促

---

① 孙学玉：《推动有效市场和有为政府更好结合》，《人民论坛·学术前沿》2021 年第 15 期。

进商品要素资源在更大范围内畅通流动，实现我国市场由大到强的转变，进而为建设高标准市场体系、构建高水平社会主义市场经济体制提供坚强支撑。

二是要加快要素市场化配置改革，推进资源要素高效配置，健全土地、劳动力、资本、技术、数据等要素市场体系，形成统一开放的要素市场。加快完善现代化市场监管机制，创新监管方式，加强重点领域监管，加强事中事后监管，维护市场安全和稳定。

另一方面，我们要健全制度，创新监管，更好发挥政府作用。通过健全要素市场运行机制来完善政府调节与监管，做到放活与管好有机结合，提升监管和服务能力，引导各类要素协同向先进生产力集聚。市场不是万能的，在市场过度的宽松、放任、自由环境下，商品生产者、消费者以及其他社会主体容易陷入利益冲突之中，破坏市场均衡和公平，给社会带来混乱、低效甚至危害。在市场失灵的领域，政府治理就显得尤其重要，尤其要明确政府对要素价格、市场运行的调节和监管内容。同时，也要加快政府职能转变，打破行政性垄断，大幅减少政府直接配置要素的范围。深化国有企业和国有金融机构改革，确保各类所有制企业通过竞争等市场手段平等获取要素。

在具体实施过程中，还需要根据不同要素属性、市场化程度差异和经济社会发展需要，分类施策、循序渐进构建更加完善的要素市场化配置体制机制。在不同要素市场应当弱化政府对市场要素配置的扭曲，促进要素自由流动。在劳动力市场，依法保障平等就业，打破城乡、地域、行业分割和身份、性别歧视，积极顺应新产业和新用工形式的发展，使有能力在城镇稳定就业和生活的常住人口有序实现市民化，实现劳动力在城乡之间自由流动。在土地市场，加快建设城乡统一的建设用地市场。坚持农村土地集体所有权，严格用途管制和用地规划管理。完善农村集体经营性建设用地权能，实现与城市建设用地同等入市、同权同价，畅通城乡要素流动。在资本市场，促进多层次资本市场健康发展，把为实体经济服务作为出发点和落脚点，全面提升金融服务能力和水平。同时，健全金融监管体系，加快相关法律法规建设，加强宏观审慎管理制度建设，加强功能监管和行为监管。

随着信息经济的发展，以大数据为代表的信息资源向生产要素的形态演进，数据已和其他要素一起融入经济价值创造过程，对生产力发展有广泛影响。数据生产要素属性的提升，关系经济增长长期动力，关系国家发展未来。世界各国都把推进经济数字化作为创新发展的重要动能，在前沿技术研发、数据开放共享、隐私安全保护、人才培养等方面作出前瞻性布局。在传统要素基础上，我们要将数据作为一种新型生产要素，充分发挥数据对其他要素效率的倍增作用，培育发展数据要素市场，使大数据成为推动经济高质量发展的新动能。

（三）加强资本市场基础制度建设

在社会主义市场经济体制下，资本是带动各类生产要素集聚配置的重要纽带。改革开放 40 多年来，资本同土地、劳动力、技术、数据等生产要素共同为社会主义市场经济繁荣发展作出了贡献。同时，资本具有逐利本性，如不加以规范和约束，就会给经济社会发展带来不可估量的危害。必须历史地、发展地、辩证地认识和把握我国社会存在的各类资本及其作用，正确认识和把握资本的特性和行为规律，依法规范和引导资本健康发展，使之始终服从和服务于人民和国家利益。要为资本设立"红绿灯"，健全资本发展的法律制度，形成框架完整、逻辑清晰、制度完备的规则体系，健全事前引导、事中防范、事后监管相衔接的全链条资本治理体系。①

资本市场基础制度应该是一整套紧密联系、内在协调、相互支撑的制度生态体系，共同构成保障资本市场正常运转和有效发挥作用的"四梁八柱"。其核心是要促进市场各方归位尽责。当前，资本市场改革发展的外部环境更加不稳定、不确定。在此背景下，要坚持全面、辩证、客观、专

---

① 中共中央宣传部编《习近平新时代中国特色社会主义思想学习纲要（2023 年版）》，学习出版社、人民出版社 2023 年版，第 153 页。

业地看待当前形势，在不确定环境中把握确定性，积累更多发展势能，努力在市场变局中赢得发展新局。2023年全国两会期间，《政府工作报告》指出："要有效防范化解重大经济金融风险。深化金融体制改革，完善金融监管，压实各方责任，防止形成区域性、系统性金融风险。有效防范化解优质头部房企风险，改善资产负债状况，防止无序扩张。"具体到制度建设，就需要把握好改革的时度效，平稳推进资本市场全面深化改革落地实施。完善资本市场基础制度对于推动高质量发展和助力形成新发展格局具有重要意义。

第一，完善资本市场基础制度，是促进畅通国民经济循环的迫切需要。资本市场信息公开透明，价格信号灵敏，是要素资源市场化配置的重要平台。完善资本市场基础制度，有利于全面增强资本市场枢纽功能，动员和引导各类要素资源向更高效率更具活力的领域协同集聚，促进创新资本形成，提高经济金融循环效率。推动形成以国内大循环为主体、国内国际双循环相互促进的新发展格局，关键是要提高供给对需求的适配性，形成需求牵引供给、供给创造需求的更高水平动态平衡。

第二，完善资本市场基础制度，是全面深化资本市场改革的主题主线。突出基础制度建设这个主线，强化制度的引领和规范作用，是全面深化资本市场改革的鲜明特征。通过统筹推进资本市场关键制度创新，加强总结评估，逐步将行之有效的制度推广至全市场。这对于凝聚各方共识，保障改革平稳顺利推进起到了关键作用。

第三，完善资本市场基础制度，是打好防范化解金融风险攻坚战的治本之策。国际形势风云变幻，存在诸多不确定性不稳定性因素。从外部来看，地缘政治冲突导致风险挑战增多；从内部来看，经济下行压力有所加大，稳增长、稳就业、稳物价面临新的挑战。这些都给资本市场特别是股市的正常运行造成一定干扰。完善资本市场基础制度，有利于平稳化解市场中的各类存量风险。当前，完善资本市场基础制度的主要方向有以下三个。

一是以注册制改革为龙头，带动资本市场关键制度创新。2022 年《政府工作报告》中明确提出，要全面实行股票发行注册制。说明注册制改革已经进入收尾阶段。注册制是指证券发行申请人依法将与证券发行有关的一切信息和资料公开，制成法律文件，送交主管机构审查，主管机构只负责审查发行申请人提供的信息和资料是否履行了信息披露义务的一种制度。在注册制下，证券发行审核机构只对注册文件进行形式审查，不进行实质判断。如果公开方式适当，证券管理机构不得以发行证券价格或其他条件非公平或发行者提出发行的公司前景不尽合理等理由拒绝注册。注册制的核心是只要证券发行人提供的材料不存在虚假、误导或者遗漏，证券的投资价值由投资者自己作出判断。注册制改革的核心在于理顺政府与市场的关系，总体目标是建立市场主导、责任到位、披露为本、预期明确、监管有力的股票发行上市制度。注册制是一种更为市场化的股票发行制度，把筛选上市公司的权力交给市场，既可以较好解决发行人与投资者信息不对称所引发的问题，又可以规范监管部门职责边界，避免监管部门过度干预。在进行制度创新的过程中，还要意识到股市制度变化可能对股价以及各利益主体的利益关系的影响与冲击。因此，需要循序渐进，在新股发行、上市公司及市场交易监管、资本市场对外开放等方面共同发力，多管齐下，为实现股票定价体系的转换和接轨提供充足的时间。

二是以科创板改革为"试验田"，完善多层次股票市场体系，强化直接融资。要提升科创板的优质科技"含金量"，使科创板"板性"更加鲜明，并进一步形成与目前正处于不断改革中的创业板和新三板之间的有序衔接和错位发展，共同组成多层次资本市场的有机部分，打造出规范、有活力的市场体系。通过引入做市商制度显著提升科创板的市场流动性和交易效率，并推动科创板从目前单一的市场竞价交易机制，逐渐过渡到做市商和竞价并轨的混合交易机制，有利于市场深化发展和进一步提升市场竞争力。

三是推动形成高质量的制度体系，依法规范和引导资本健康发展。完善上市公司规范运作和做优做强的制度安排，推动上市公司整体质量实现大的跃升，健全促进证券基金、期货经营机构创新发展与防范风险适度相容的内生机制。鼓励和支持业务产品服务组织和技术创新，完善行业机构做优做强的配套措施。要强化反垄断，防止资本无序扩张，有效防范风险，维护市场公平竞争。同时，我们还需要着力防范和化解金融风险，克服经济脱实向虚的倾向，重点解决不良资产风险、泡沫风险等。为此，要设立"红绿灯"，健全资本发展的法律制度，形成框架完整、逻辑清晰、制度完备的规则体系。要以保护产权、维护契约、统一市场、平等交换、公平竞争、有效监管为导向，针对存在的突出问题，做好相关法律法规的立改废释。在对外开放过程中，我们还要加快推进资本市场高水平双向开放，持续深化资本市场互联互通，不断提高对外开放水平，促进投资便利化，以优质市场环境吸引更多国际资本在我国投资兴业。要支持和鼓励我国资本和企业走向世界。最终，通过完善我国资本市场基础制度，更好发挥资本市场功能，为各类资本发展释放出更大空间。

三、坚持推动分配制度改革，促进共同富裕

分配制度是"三位一体"基本经济制度的重要组成部分。党的二十大明确了新时代新征程中国共产党的使命任务之一，是以中国式现代化全面推进中华民族伟大复兴。中国式现代化是全体人民共同富裕的现代化。共同富裕是中国特色社会主义的本质要求，也是一个长期的历史过程。我们坚持把实现人民对美好生活的向往作为现代化建设的出发点和落脚点，着力维护和促进社会公平正义，着力促进全体人民共同富裕，坚决防止两极分化。

2023 年全国两会期间，习近平总书记再次强调，要贯彻以人民为中心的发展思想，完善分配制度。按劳分配为主体，多种分配方式并存是中

国特色社会主义分配制度的核心要义。① 习近平总书记提出，我们不能等实现了现代化再来解决共同富裕问题，而是要始终把满足人民对美好生活的新期待作为发展的出发点和落脚点，在实现现代化过程中不断地、逐步地解决好这个问题。我们追求的发展是造福人民的发展，我们追求的富裕是全体人民共同富裕。要让现代化建设成果更多更公平惠及全体人民，在推进全体人民共同富裕上不断取得更为明显的实质性进展。要坚持人民至上，坚持共同富裕，把增进民生福祉、促进社会公平作为发展社会保障事业的根本出发点和落脚点，使改革发展成果更多更公平惠及全体人民。②

促进共同富裕，要把握好鼓励勤劳创新致富、坚持基本经济制度、尽力而为量力而行、坚持循序渐进的原则。总的思路是，坚持以人民为中心的发展思想，在高质量发展中促进共同富裕，正确处理效率和公平的关系，构建初次分配、再分配、第三次分配协调配套的基础性制度安排。③伴随改革的深入，在以公有制为主体、多种所有制经济共同发展的社会主义基本经济制度基础上，与社会主义市场经济机制相适应形成的以按劳分配为主体、多种分配方式并存的分配制度。

在新发展阶段，以习近平同志为核心的党中央把实现全体人民共同富裕摆在更加重要的位置，他曾指出，我们的目标很宏伟，但也很朴素，归根结底就是让全体中国人都过上更好的日子。党的十九大对共同富裕进一步作出战略安排：从 2020 年到 2035 年，全体人民共同富裕迈出坚实步伐；从 2035 年到 21 世纪中叶，全体人民共同富裕基本实现。

党的十九届四中全会对我国基本经济制度作出了重大创新，即在公有制为主体、多种所有制经济共同发展的基本经济制度基础上，将按劳分配为主体、多种分配方式并存的分配制度上升为基本经济制度。党的十九届

---

① 王朝科、冒佩华、王宝珠：《中国特色社会主义分配制度——一个整体性的阐释》，《广西财经学院学报》2021 年第 5 期。

② 《习近平谈治国理政》（第 4 卷），外文出版社 2022 年版，第 344 页。

③ 中共中央宣传部编《习近平新时代中国特色社会主义思想学习纲要（2023 年版）》，学习出版社、人民出版社 2023 年版，第 71 页。

五中全会在谋划 2035 年基本实现社会主义现代化远景目标中提出"全体人民共同富裕取得更为明显的实质性进展",强调要"扎实推动共同富裕"。实行按劳分配为主体、多种分配方式并存的分配制度,把按劳分配和按生产要素分配结合起来,可以调动各方面的积极性,促进经济效率的提高,推动生产力的发展,是新时代共享发展和共同富裕的重要保障。

党的二十大从财富积累维度拓展了分配制度的内涵,提出要完善分配制度,坚持按劳分配为主体、多种分配方式并存,坚持多劳多得,鼓励勤劳致富,促进机会公平,增加低收入者收入,扩大中等收入群体,规范收入分配秩序,规范财富积累机制。在完善分配制度过程中,财富分配的公平合理与财富积累的持续性同样重要。规范收入分配秩序、规范财富积累机制,是实现共同富裕的必要途径。

共同富裕,是社会主义的本质要求,是人民群众的共同期盼,是中国式现代化的本质要求,也是共享发展理念的基本意蕴与要求。促进共同富裕是把握新发展阶段、贯彻新发展理念、构建新发展格局的重要战略选择,也是促进经济高质量发展的重要途径。脱贫攻坚战的全面胜利,标志着我们党在团结带领人民创造美好生活、实现共同富裕的道路上迈出了坚实的一大步。同时,脱贫摘帽不是终点,而是新生活、新奋斗的起点。解决发展不平衡不充分问题、缩小城乡区域发展差距、实现人的全面发展和全体人民共同富裕仍然任重道远。我们没有任何理由骄傲自满、松劲歇脚,必须乘势而上、再接再厉、接续奋斗。[①] 当前,共同富裕的推进正面临着诸多掣肘,而收入分配的优化过程也具有长期性、艰巨性、复杂性。改革开放以来,大量的生产要素从农村流向城市,从西部涌入东部,这一方面成就了沿海地区及部分中心城市的"先富";另一方面也留下了东西部不均衡发展、城乡二元结构、要素边际报酬扭曲等难题。当前,我国的收入与财富分配状况不容乐观。收入分配基尼系数在 0.466 左右,而财富

---

① 《习近平谈治国理政》(第 4 卷),外文出版社 2022 年版,第 138 页。

分配基尼系数更是超过收入分配基尼系数。收入与财富的分配差距扩大制约居民消费潜力的提升，成为国内经济大循环的堵点。规范收入分配秩序与财富积累机制成为扎实推进共同富裕道路上现实而紧迫的任务。

在庆祝中国共产党成立 100 周年大会上，习近平总书记发表重要讲话："推动人的全面发展、全体人民共同富裕取得更为明显的实质性进展。"当前我国正处于并将长期处于社会主义初级阶段，我国经济发展不平衡不充分的矛盾依然存在，要解决这些社会矛盾，必须作出更有效的制度安排，使全体人民朝着共同富裕方向稳步前进，防止两极分化。这一阶段需要重塑收入分配体系，构建初次分配、再分配、三次分配协调配套的基础性制度安排，调整对效率公平的权衡均衡点，促进有助于实现共同富裕的效率与公平的动态均衡。党的二十大提出，为民造福是立党为公、执政为民的本质要求。必须坚持在发展中保障和改善民生，鼓励共同奋斗创造美好生活，不断实现人民对美好生活的向往。其中，一项重要任务便是完善收入分配制度。分配制度是促进共同富裕的基础性制度。要坚持按劳分配为主体、多种分配方式并存，努力提高居民收入在国民收入分配中的比重，提高劳动报酬在初次分配中的比重。坚持多劳多得，鼓励勤劳致富，促进机会公平。完善按要素分配政策制度，探索多种渠道增加中低收入群众要素收入，多渠道增加城乡居民财产性收入。加大再分配的调节力度，规范收入分配秩序，规范财富积累机制。引导、支持有意愿有能力的企业、社会组织和个人积极参与公益慈善事业。[①]

（一）提高劳动报酬在初次分配中的比重

按劳分配是分配个人消费品的社会主义原则，即在生产资料社会主义公有制条件下，对社会总产品作各项必要的社会扣除以后，按照个人提供

---

① 中共中央宣传部编《习近平新时代中国特色社会主义思想学习纲要（2023 年版）》，学习出版社、人民出版社 2023 年版，第 214 页。

给社会的劳动数量和质量分配个人消费品。按劳分配是我国收入分配制度的主体。提高劳动报酬在初次分配中的比重，有助于扩大消费需求，提高经济发展质量。从我国实际出发，我们确立了按劳分配为主体、多种分配方式并存的分配制度。由于种种原因，目前我国收入分配中还存在一些突出的问题，主要是收入差距拉大、劳动报酬在初次分配中的比重较低、居民收入在国民收入分配中的比重偏低。2008 年国际金融危机后，我国国民收入初次分配中劳动报酬占比呈现震荡反复的局面。尤其是随着国民收入初次分配体制的形成，国内市场逐渐积累了一些深层次矛盾，成为制约劳动者劳动报酬比重提高的隐患。对此，我们要高度重视，努力推动居民收入增长和经济增长同步、劳动报酬提高和劳动生产率提高同步，不断健全体制机制和具体政策，调整国民收入分配格局。

一是劳动与资本要素的回报率结构不均衡。改革开放以来，资本的稀缺性，以及雄厚资本所带来的资源、技术等优势，使得商品市场的交换难以平等进行，被资本雇佣的劳动力往往处于弱势地位。地方政府在产业发展和招商引资中偏向资本的政策倾向不断强化着资本的力量，部分私营企业凭借政策优惠不断获取超额剩余价值，部分领域逐步出现了"资强劳弱"、劳动报酬份额下降、利润和扩大再生产基金侵蚀劳动者报酬的现象。

二是要素的原始禀赋与后期分布扭曲。在社会主义初级阶段的初次分配格局中，一方面，劳动要素本身存在劳动能力、劳动贡献方面的巨大差距，技术进步、分工细化、资本有机构成深化，逐步使简单劳动要素所有者成为国民收入初次分配中的弱势群体。另一方面，户籍、社会保障、土地流转等政策导致劳动要素之外的其他生产要素的原始分布也不尽平等。劳动报酬在初次分配中的比重下降或长期在低位徘徊，与新时代全面建成小康社会和满足人民日益增长的美好生活需要不匹配。同时，劳动报酬偏低也将导致居民收入差距扩大，进而制约居民消费，阻碍以国内大循环为主体的新发展格局的构建。

当前，我国面临着劳动力要素的历史性拐点，劳动年龄人口在 2013

年达到高点之后开始下降，经济活动人口和就业人员总数分别于 2017 年和 2018 年开始趋势性下降，迫切呼唤与要素结构相适应的收入分配机制。国民收入初次分配中提高劳动报酬比重是实现社会主义正义的必然要求。要疏解要素报酬与要素配置扭曲的问题，势必需要从以下三方面着手，优化初次收入分配机制。

第一，在初次分配中增加劳动报酬占比需要坚持公有制经济为主体。虽然劳动者在公有制企业和私有制企业中获得的报酬都是劳动力价格，劳动者之间的收入差距主要由个体劳动能力、劳动贡献等决定，但剩余价值在劳动之外的生产要素间的分配在不同经济所有制中却存在重大差异，并对社会收入差距格局影响巨大。要坚持按劳分配为主体、多种分配方式并存，提高劳动报酬在初次分配中的比重，健全工资合理增长机制。① 这也是我国始终坚持以公有制为主体、多种所有制并存发展的所有制结构的核心根源之一。党的二十大报告强调，要坚持多劳多得，鼓励勤劳致富，促进机会公平，增加低收入者收入，扩大中等收入群体。

第二，通过提升劳动生产率增加劳动报酬。在政府、企业和居民收入三大主体于初次分配中所得份额比例不变的条件下，不断提高劳动者的劳动生产率和劳动贡献率，劳动者从新增的国民收入中按照原先的分配比例增加劳动报酬。过去，经济活动不断从农业部门向工业部门和服务业部门转移，随之劳动力和资本逐渐向工业和服务业集中，通过规模经济溢出，总体劳动生产率快速增加，支撑了中国经济的快速增长，实现了"弯道超车"。然而，随着经济新常态的来临，劳动生产率的增长陷入瓶颈，需要深化供给侧结构性改革，以高质量的发展释放劳动要素的活力，提升劳动生产效率，为劳动报酬的提升提供动力。

第三，通过调整要素报酬结构，提高劳动报酬在国民收入初次分配中的占比。该路径的核心是在技术进步和劳动生产率相对稳定的条件下，通

---

① 习近平：《新发展阶段贯彻新发展理念必然要求构建新发展格局》，《求是》2022 年第 17 期。

过减少国民收入初次分配中的政府所得或资本等其他要素所得的份额，使劳动者从现有的初次分配格局中占有更多份额而增加劳动报酬。在社会主义初级阶段，政府获得的生产税净额份额基本稳定、资本回报率超过其实际贡献率的情况下，现阶段增加劳动者劳动报酬的核心就是要在"资本－劳动"要素之间重新划分剩余价值的分配关系。

第四，在初次分配中促进按劳分配和按生产要素分配的有机结合。按劳分配主要聚焦在宏观调控层面，核心目标是通过利率、工资等要素价格管制和税收等直接分配手段，以及社会保险、社会救济、精准扶贫等转移支付的间接分配手段，使劳动所得在整个社会的剩余分配中占据主导地位，劳动以外的要素收入处于从属地位，劳动收入成为绝大多数人收入的主要和基本来源，广大劳动者真正成为劳动成果的享有者。按生产要素分配主要聚焦在微观运作层面，核心目标是通过市场经济机制调动各类要素供给的积极性，并借助企业这一中介或平台形式，使劳动、资本、土地、技术、知识、管理、数据等各种生产要素得以优化配置和组合并呈现出最佳结构状态，从而为更有效的"劳动"和更多的"劳动成果"提供支撑。

（二）健全生产要素按贡献决定报酬的机制

党的十九届四中全会提出，要健全劳动、资本、土地、知识、技术、管理、数据等生产要素由市场评价贡献、按贡献决定报酬的机制，这为坚持和完善按劳分配为主体、多种分配方式并存的社会主义基本经济制度指明了方向，明确了由市场来评价贡献的机制。各类生产要素的所有者在市场交易中，通过生产要素的供求变化和价格来反映要素的稀缺度，进而评价要素的贡献。哪种生产要素稀缺，那么这种要素在收入分配中的话语权就大，市场对其评价就高，其贡献就大，相应地其分配可能就多。比如，近年来，劳动力相对稀缺，市场对劳动力的贡献评价就高，劳动报酬在国民收入分配中的比例在提高。未来，随着我国经济转向高质量发展阶段，对知识、技术、管理等资源的需求增加，这些要素的稀缺度提高，市场对其贡献的评价就高，其在收入分配中的比例也会相应提高。

究其根源，我国现阶段多种所有制经济共同发展要求有与之相适应的分配结构，这就决定了社会主义初级阶段必然存在多种分配方式，按劳分配和按要素分配相结合。健全劳动、资本、技术、管理等生产要素按贡献参与分配的机制，是对社会主义市场经济条件下分配制度的不断完善。人类社会的任何生产活动都离不开劳动力、资本、土地和技术等生产要素。在市场经济条件下，使用这些要素不是无偿的，对每一种要素都必须支付一定的报酬，这种报酬就形成各要素提供者的初次分配收入。

当前，我国由市场评价要素贡献、按贡献决定报酬的机制还不够健全，需要着力健全相关机制。要探索通过土地、资本等要素使用权、收益权增加中低收入群体要素收入，切实保障劳动者待遇和权益，不断壮大中等收入群体。[①] 在高质量发展阶段，如何应对新的科技革命的挑战是我们必须应对的重大课题。增强自主创新能力、推进科技进步已成为我国经济发展战略的核心。体制创新是科技创新的基础，必须从体制上特别是分配体制上为创新活动提供有利激励机制，生产要素尤其是技术和管理等要素按贡献参与分配的制度化就是其中的重要举措。

一是要增强市场通过竞争机制、价格机制作用来配置资源的能力。市场经济生产、交换、分配的一般过程是：各类生产要素在要素市场通过买卖进入生产过程之中，生产出的产品在商品市场通过交换实现商品价值，最后生产要素按照各自对商品价值的贡献参与分配，实现各自价值。比如，通过市场发行股票或债券筹集资金，就要以股息、红利、利息等形式对股票或者债券持有者进行支付。坚持各种生产要素由市场评价贡献、获得各自收益，体现了发展社会主义市场经济条件下按要素分配的效率原则，有利于调动各方面积极性。

二是要建设一个统一开放、竞争有序的要素市场。由市场评价要素的

---

① 习近平：《新发展阶段贯彻新发展理念必然要求构建新发展格局》，《求是》2022 年第 17 期。

贡献意味着一定要有一个完善的要素市场。改革开放以来，我国基本形成了较为健全的商品市场，但要素市场发展较为滞后，要素市场上的城乡分割、区域分割、价格扭曲、市场壁垒等现象较多存在。为此，首先要建设一个全国统一的要素市场。既要打破城乡分割，建设城乡统一的劳动力市场、土地市场，也要打破区域和条块分割，建设统一的知识产权市场，还要打破数据孤岛，引导培育数据交易市场，更要探索建立职业经理人市场。要加快清理废除妨碍统一市场和要素自由流动的各项规定和做法，促进要素自由流动，推进要素价格市场化改革。最大限度发挥市场决定价格的作用，完善反映市场供求关系、资源稀缺程度的生产要素价格形成机制。

三是要与时俱进，系统构建要素参与分配的机制。随着经济迈入高质量发展阶段，要全面贯彻落实以增加知识价值为导向的收入分配政策，充分尊重科研、技术、管理人才，充分体现知识、管理、技术的市场贡献，实行以增加知识价值为导向的分配政策，构建体现增加知识价值的收入分配机制，在全社会形成知识创造价值、价值创造者得到合理回报的良性循环。例如，鼓励科研人员通过科技成果转化获得合理收入，建立健全对科研人员实施股权、期权和分红激励的机制。此外，还应当以资本、土地、数据等要素为抓手，通过推进资本市场改革、建立健全土地增值收益分配机制、建立健全数据权属与交易规则等途径健全要素参与分配的机制。

（三）健全再分配调节机制，合理调节不同群体间分配关系

2020年，"十四五"规划建议提出，要完善再分配调节机制，增强再分配主要手段对收入分配的调节力和精确度，并规范收入分配秩序。党的二十大提出要规范财富积累机制，其重点也在调节财富的再分配上面。再次分配也称社会转移分配，是在初次分配结果的基础上，各收入主体之间通过各种渠道实现现金或实物转移的一种再次分配过程，也是政府对生产要素收入进行再次调节的过程。主要包括收入税、财产税、社会缴款、社

会福利、其他转移收支。在初次分配基础上，再分配对部分国民收入进行的重新分配，主要由政府调节机制起作用。要实现共同富裕的宏伟目标，就必须健全以税收、社会保障、转移支付等为主要手段的再分配调节机制，合理调节城乡、区域、不同群体间分配关系。其中，强化税收调节很重要，特别是要完善直接税制度并逐步提高其比重，更好发挥税收对收入分配的调节作用。

税收、社会保障、转移支付是健全再分配调节机制的主要手段。各种分配手段具有相对独立的地位与作用，又相互联系和制约，共同完成国民收入的再分配过程。首先，要优化税收调节机制。调整税收结构，推进增值税改革，减少、消除对生产环节和流通环节的重复征税，降低间接税比重。同时，加大对财产、所得的征税力度，加快建立综合与分类相结合的个税体系，完善高收入者的个税征收、管理和处罚措施，将各项收入全部纳入征收范围。

其次，要优化社会保障调节机制。随着我国经济社会的高速发展，社会保障功能应逐步从维护社会安定和补救国民生计向承担收入分配调节并促使财富得到合理分配转变，应特别重视它对社会财富分配格局的重大调节作用。在现有基础上，应通过进一步增加社保投入、整合社保资源、健全社保体系、提高保障水平、实现人口全覆盖，着力增强社会保障对社会财富分配格局的调节作用。另外，我们还需要建立国有资产收益全民分享机制。要通过机制建设，将国有资产收益转化为公共支出、社会保障支出或居民收入，为居民财产性收入增加新的渠道。

兼顾效率和公平是再分配制度要遵循的原则，既要更加注重公平，着力缩小收入差距，也要提高公共资源的配置效率。习近平总书记曾指出，实现社会公平正义是由多种因素决定的，最主要的还是经济发展水平；我们必须紧紧抓住经济建设这个中心，推动经济持续健康发展，进一步把"蛋糕"做大。改革开放以来，我们党为了领导全国人民把经济总量这个"蛋糕"做大，坚持发展是硬道理和科学发展观，紧紧抓住经济建设这个中心，把发展当作第一要务，极大地促进了全国乃至各地区的经济发展。

2021 年，面对百年变局和世纪疫情，全国上下共同努力，我国经济发展和疫情防控保持全球领先地位，构建新发展格局迈出新步伐，高质量发展取得新成效，实现了"十四五"良好开局。国内生产总值达 114.4 万亿元、人均 GDP 突破 8 万元、最终消费支出贡献率为 65.4%，经济总量稳居全球第二。事实证明，中国共产党带领人民不断解放与发展生产力，做大了经济总量的"蛋糕"，为收入分配的优化提供了基础。

习近平总书记还指出，并不是说等着经济发展起来了再解决社会公平正义问题；"蛋糕"不断做大了，同时还要把"蛋糕"分好。由此，我们还要优化再分配制度，实现效率兼顾公平，从而践行社会主义的本质，实现共同富裕的目标。在制度实施方面，要注意效率兼顾公平，注意初次分配、再分配、三次分配的结合，尤其要扩大中等收入群体。

技术发展是健全再分配调节机制的保障。由居民收入监测、现金管理、票据管理等组成的技术保障机制，是一个国家收入分配管理最重要的"基础设施"。由于我国缺乏完善的收入分配技术保障机制，使收入分配领域中的显性和隐性收入、合法和不合法收入均难以被严格掌握并实施有效的调节与调控，这是导致收入差距扩大的一个不可忽视的原因。因而，我们需要利用现代信息技术，形成严格的国民收入监测机制，同时通过数字人民币、数字化结算等手段来规范现金管理，为收入分配制度的优化提供技术支持。

缩小城乡差异、促进区域协调发展、构建具有地域针对性的共同富裕对策，是优化再分配制度的关键。东西部地区，乃至东西部的农村与城市均存在不同程度的收入差距问题。因此要缩小东西部差距就要循序渐进地缩小西部城乡间、西部乡村与东部乡村间、西部城市与东部城市间的差距。此外，生产要素在地区间的配置问题直接阻碍了分配结构的优化，要实现要素的再配置与均衡布局，就离不开政府的政策推动。诸如西部开发战略、统一大市场、成渝双城经济圈建设等，改善并加速了生产要素的再配置，驱动了分配制度的优化，加快了共同富裕的建设步伐。

最后，完善财富积累机制是健全再分配制度的新方向。我们需要注意以下三个问题。

一是财富积累机制的可持续性。这个可持续体现在对财产的保护与避免两极分化。有恒产者，有恒心，对财产的保障是可持续财富积累的前提。财富扩张是盲目的，需要通过各类制度与政策安排，包括税收、规制、反不正当竞争以及倡导慈善公益等举措，避免财富积累过程中的过度分化。

二是对财富积累机制的规范需要在法治框架内进行。社会主义市场经济本质上是法治经济，必须以保护产权、维护契约、统一市场、平等交换、公平竞争、有效监管为基本导向，规范财富积累要依法进行。

三是要把握好再分配政策与激励政策的相容和平衡。就当前的财富分配状况来看，再分配力度需要加大，但也要特别注意把握好再分配政策与激励政策的相容和平衡。既要推进财富积累机制建设的步伐，又要保护市场主体的创造性和活力。

（四）实施"提低、扩中、控高"的收入分配改革思路

深化我国收入分配制度改革，要多政策齐动，践行"提低、扩中、控高"的基本思路，消除初次分配领域的不公，包括提高低收入群体的收入水平，扩大中等收入群体，控制高收入，消除社会保障上的待遇差异，最终形成橄榄型的收入分配格局。

在"提低"方面，必须缩小低收入群体规模。低收入群体的形成有先天的制度因素，例如，现有的近3亿农民工，难以享受同城待遇。对此，要通过健全工资决定、合理增长和支付保障机制持续提高低收入群体收入；完善最低工资标准和工资指导线；探索通过土地、资本等要素使用权、收益权增加中低收入群体要素收入；规范劳务派遣用工行为，从而保障劳动者同工同酬。宏观来看，在国家资源配置方面，要统筹做好就业、

收入分配、教育、社保、医疗、住房、养老、托幼等各方面的民生福祉工作，并把这些民生福祉向农村、基层、欠发达地区倾斜，向困难民众倾斜。

在"扩中"方面，要抓住重点、精准施策，推动更多低收入人群迈入中等收入行列。[①] 以高校和职业院校毕业生、技能型劳动者、农民工等为重点，不断提高中等收入群体比重。针对技能型人才等重点人群，制定增收方案，提高其待遇水平和社会地位。实施高素质农民培育计划，运用农业农村资源和现代经营方式增加收入。同时，要通过要素市场化改革来进一步促进民营经济的大发展，以此促进社会就业，从而带来中等收入群体的大扩容。

在"控高"方面，加强对高收入者的税收调节和监管，规范财富积累机制。加强对高收入的规范和调节，在依法保护合法收入的同时，要防止两极分化、消除分配不公。要合理调节过高收入，完善个人所得税制度，规范资本性所得管理。[②] 要同时调节过高收入与取缔非法收入，遏制以垄断和不正当竞争行为获取收入，通过税收、规制、反不正当竞争以及倡导慈善公益等举措，避免财富积累两极分化，并在收入与财富两个维度推动分配制度改革。

习近平总书记提出："实现共同富裕的目标，首先要通过全国人民共同奋斗把'蛋糕'做大做好，然后通过合理的制度安排正确处理增长和分配关系，把'蛋糕'切好分好。这是一个长期的历史过程，我们要创造条件、完善制度，稳步朝着这个目标迈进。"[③] 随着 GDP 总量、人均 GDP 呈现增速减缓态势，我国面临基础公共服务不足、收入分配不均的挑战。在此背景下，实施"提低、扩中、控高"的收入分配改革思路，构建中国特色的收入分配体系，是当前迫切且不可避免的任务。收入分配改革的主要

---

① 《习近平谈治国理政》（第 4 卷），外文出版社 2022 年版，第 144 页。

② 同上书，第 145 页。

③ 同上书，第 210 页。

手段包括财政分配、信贷分配、工资分配、价格分配、企业财务分配等。他们由相互联系、相互制约的各种分配范畴所组成的国民收入分配的有机整体。基于"按劳分配为主体、多种分配方式并存"的分配制度，我们需要在改革过程中重视初次分配、再分配、三次分配的协调配合，财政分配、信贷分配、工资分配、价格分配、企业财务分配等手段联动，构建橄榄型的收入分配格局，规范收入分配秩序，规范财富积累机制，保护合法收入，调节过高收入，取缔非法收入。

第五章 以新发展理念引领高质量发展的四川实践

党的十八大以来，习近平总书记从党和国家战略全局出发，多次对四川省工作作出重要指示。党的二十大的顺利召开，也为继续推动治蜀兴川再上新台阶提出了更高的要求，为新时代治蜀兴川提供了方向指引。习近平总书记指出，中国特色社会主义进入新时代，四川发展也站在了新的起点上；要站在更高起点谋划发展，把推动发展的立足点转到提高质量和效益上来；统筹推进"五位一体"总体布局、协调推进"四个全面"战略布局，突出"五个着力"的重点任务，推动治蜀兴川再上新台阶。这些重要论述，是习近平总书记对四川发展的精准把脉和科学指导，指明了四川迈步现代化建设新征程的发展方位和努力方向。四川省委深入学习贯彻习近平总书记对四川工作系列重要指示和党的二十大精神，牢牢把握新时代治蜀兴川的丰富内涵和实践要求，召开中国共产党四川省第十二届委员会第二次全体会议，坚持把高质量发展作为现代化建设的首要任务，完整、准确、全面贯彻新发展理念，全力以赴拼经济、搞建设，努力实现产业体系优、市场机制活、协调发展好、开放程度深，与时俱进完善四川现代化建设的整体布局和任务部署，推动经济大省向经济强省全面跃升。

一、担当服务国家全局的时代使命，加快建设现代化经济体系

全面建设社会主义现代化四川，是新时代治蜀兴川的总目标总任务。四川发展不平衡不充分问题仍较突出，同时多项国家重大战略在四川叠

加，现代化建设前途光明、任重道远。四川省委、省政府一直以担当服务国家全局的时代使命为原则和导向，将四川现代化建设放在"两个大局"下审视，放在中国式现代化建设全局中把握，全面系统推动四川经济发展各项任务。四川省委十二届二次全会进一步要求，未来我们要更好服务和融入新发展格局，打造带动全国高质量发展的重要增长极和新的动力源。

（一）构建工业当先、制造为重的现代化产业体系

近年来，四川省坚持以供给侧结构性改革为主线，坚持质量第一、效益优先，创新驱动、融合带动，集群集约、绿色低碳，统筹协调、突出重点，把特色优势产业和战略性新兴产业作为主攻方向，大力推进先进制造业发展，培育壮大具有较强竞争力的大企业大集团，加快形成以 5 个万亿级支柱产业和数字经济为主体的"5＋1"现代化产业体系，强力推动工业经济质量变革、效率变革、动力变革，努力建设先进制造完整产业链重要集聚地，更深层次融入全球产业链价值链创新链，构筑经济强省，建设核心引领力量。

在建设过程中，不断优化产业结构，改造提升传统产业，发展壮大新兴产业，做优做强质量品牌。立足四川省资源禀赋和产业基础，重点培育电子信息、装备制造、食品饮料、先进材料、能源化工 5 个万亿级支柱产业，搭建极具四川特色的现代化产业体系主体架构。找准突破口，把握关键点，咬定目标、精准发力，将电子信息产业作为聚焦关键领域，对于装备制造产业提档升级，发挥军民融合优势，推进智能制造、绿色制造、服务型制造；食品饮料产业要强龙头、树品牌，进一步做强产业集群、做大产业规模；先进材料产业要强化自主创新，壮大核心企业，培育拳头产品，延伸产业链条；能源化工产业要加快绿色转型、推进清洁高效利用，大力发展新能源，推进化工行业改造提升。近 5 年来，四川不断创造和转化优势以壮大实体经济，不断加快构建现代化产业体系，促进新旧动能接续转换，取得了一系列成果。

先进制造加快扩能。电子信息、食品饮料产业规模迈上万亿元台阶。成都软件和信息服务、成（都）德（阳）高端能源装备、成渝地区电子信息先进制造等创建为国家先进制造业集群，成都生物医药、成都轨道交通装备、自贡节能环保等创建为国家战略性新兴产业集群。实施四川时代动力电池、京东方、通威太阳能等百亿级产业重大项目，引进空客全生命周期服务等重大外资项目，引进培育千亿级动力电池产业。规划建设"中国牙谷"，初步建成全国最大的口腔产业集聚地。新增培育国家级制造业单项冠军 19 家、专精特新"小巨人"企业 338 家。

数字经济全面赋能。网络强省、数字四川、智慧社会加快建设，大数据、云计算、物联网更加广泛运用。设立数字经济发展基金。如期完成国家数字经济创新发展试验区建设任务。启动建设全国一体化算力网络成渝枢纽节点，算力排名全球前十的成都超算中心纳入国家序列，中国·雅安大数据产业园成为全国首个"碳中和"绿色数据中心。全省数字经济核心产业增加值达到 4324 亿元。

消费升级激活潜能。成都成为全国首店经济第三城、夜间经济第一城，培育形成春熙路、交子公园两大世界级都市高端商圈。持续实施服务业"三百工程"，9 个区域消费中心城市活力显现。新能源汽车等大宗商品消费快速增长。服务新业态新模式异军突起，网络交易额居全国各省份第 6 位。

金融支持注入活能。存贷款余额分别突破 11 万亿元和 9 万亿元，金融业总资产居全国前列，存贷比提高 15 个百分点，达到 82.6%。组建四川银行，打造地方金融旗舰。境内外上市公司增加 74 家，是 5 年前的两倍。西部金融中心建设有力推进，成都纳入全国首批数字人民币试点城市。

文旅融合聚势蓄能。连续 4 年召开全省文旅发展大会。命名 39 个天府旅游名县，新增 6 家 5A 级旅游景区、3 家国家级旅游度假区。建成国家级全域旅游示范区 8 个、国家级生态旅游示范区 6 个、国家级夜间文旅消费聚集区 13 个，数量均居全国第 1 位。建成四川大剧院、成都城市音乐厅、东安湖体育公园等重大文体设施。皮洛遗址石破天惊，三星堆再醒惊天下，大熊猫超级 IP 吸粉全球，九寨沟补妆归来更加迷人。

目前，四川已初步构建现代化产业体系，但产业体系不优的问题比较突出，习近平总书记来川视察时专门指出了这一点。四川省工业化率在 2011 年达到 40.9% 以后就开始下降，"未强先降"问题突出，与广东、山东、浙江等维持二三十年未低于 40% 的省份还存在差距。产业集群发育不足、龙头领军企业偏少、关键核心环节缺失、本地配套率低等问题较为明显，已成为制约四川工业发展的突出短板。

四川省委十二届二次全会指出，四川工业化正处于中期向中后期转型推进期。接下来将继续把发展经济的着力点放在实体经济上，坚持工业当先、制造为重，以工业为主擎，突出新型工业化主导作用。推动制造业高端化、智能化、绿色化发展，推动产业基础再造，提升产业链供应链韧性和安全水平，加快建设制造强省、质量强省、航空航天强省。加快构建优质高效的服务业新体系，推动现代服务业与先进制造业、现代农业融合发展，推进服务业高质量发展以及示范区建设，加快共建西部金融中心，深入实施扩大内需战略，促进消费扩容提质。推动数字产业化、产业数字化，加快建设网络强省、数字四川，促进数字经济与实体经济深度融合，推动数字赋能经济社会转型发展，助力现代化产业体系的进一步完善，推动经济高质量发展。力争到 2027 年，电子信息产业营业收入突破 3 万亿元；装备制造业、食品轻纺业、能源化工产业营业收入均突破 2 万亿元；先进材料产业营业收入突破 1.8 万亿元；医药健康产业营业收入突破 1 万亿元。切实担当起维护国家经济和产业安全的时代使命，发挥工业体系完备、产业门类齐全和市场腹地广阔优势，形成先进制造完整产业链重要集聚地。

（二）保障国家重要初级产品供给

农产品、能源、矿产等初级产品是整个经济最为基础的部分，加强初级产品供给保障，是现实所需也是长远战略，事关我国持续稳定发展。2021 年底召开的中央经济工作会议强调，要正确认识和把握初级产品供给保障。2022 年的《政府工作报告》也提出，要确保粮食能源安全。对于四川这样的农业大省来说，保障粮食等重要农产品供应，增强省内资源生产保障能力，保障好初级产品的供给是一个重大的战略性问题。我们要深入贯彻四川省第十二次党代会精神，强化粮食、清洁能源和战略性矿产资源生产供应，打造保障国家重要初级产品供给的战略基地。

传统观念认为，初级产品的技术含量有限、附加值不高，但在全球资源能源需求持续上升的背景下，初级产品因总量有限、不可再生、不可替代等因素，在产业链中影响力与话语权日益提升。四川土壤肥沃、物产富饶，自古被称为"天府之国"。作为农业大省，这些年，四川打出了一套有特色的"三农"工作组合拳，巩固提升了产粮大省、生猪大省的优势地位，推动形成了现代农业高质量发展的蓬勃态势，四川农业大省的金字招牌越擦越亮、农业农村发展的蓬勃态势越来越好。作为资源大省，四川天然气、水、钒、钛、锂矿、稀土矿等资源的储量或产量居全国前列，多年来为我国清洁能源和战略性矿产资源的生产供应作出了重要贡献。全省粮食产量时隔 20 年再次突破 700 亿斤，全省清洁能源装机容量突破 1 亿千瓦，清洁能源占比提高到 85% 以上。

站在新的历史起点上，四川有责任、有能力落实"把四川农业大省这块金字招牌擦亮""科学有序推进水能资源开发"等重要要求，在保障好初级产品供给方面发挥更大的作用。为了更好地打造保障国家重要初级产品供给的战略基地，全省上下必须统筹好发展和安全两件大事，把初级产品供给放在重要位置，牢牢掌握发展的主动权。粮食关乎国运民生，我们要抓好粮食等重要农产品生产供给，把稳定粮食产量和大豆种植扩面摆在突出位置来抓，切实提高粮食综合生产能力，深入实施种业振兴行动，提高农机装备水平，保障种粮农民合理收益。对于资源总量丰富但人均较低和利用粗放的问题，我们要坚持节约优先，实施全面节约战略：在生产领域，推进资源全面节约、集约、循环利用；在消费领域，增强全民节约意识，倡导简约适度、绿色低碳的生活方式。能源是工业的"粮食"，我们要增强资源生产保障能力，加快各种资源先进开采技术开发应用，加快构建废弃物循环利用体系。

保障好初级产品供给既是当前形势下的重要工作，更是事关长远发展的战略任务。我们要正确认识和把握这一重大理论和实践问题，因地制宜找准切入点和发力点，结合实际创造性开展工作，夯实初级产品供给的安全基石，保持经济持续健康发展和社会大局稳定。担当保障国家重要初级产品供给的时代使命，发挥粮油大省、生猪大省、能源资源大省优势，建强重要物资供应保障地。

（三）筑牢长江黄河上游生态屏障

四川坚定践行绿水青山就是金山银山理念，持续强化生态系统保护治理，进一步树牢上游意识、强化上游担当，加强流域生态保护，持续改善环境质量，深入打好污染防治攻坚战，深化生态文明建设，进一步完善生态保护补偿机制，推进美丽四川建设，促进人与自然和谐共生，努力走出一条服务国家战略全局、支撑四川未来发展的绿色低碳转型之路，为子孙后代守护好蓝天、碧水和净土。

建立健全现代环境治理体系，不断完善多元化生态补偿机制，加大对重点生态功能区补助力度。鼓励生态受益地区与生态保护地区通过资金补偿、对口协作、产业转移、人才培训、共建园区等方式建立横向补偿关系。同时，实施川西北防沙治沙、川南石漠化治理、退耕还林还草、森林质量精准提升等生态工程。开展长江廊道造林行动，建立林长制，开展大规模国土绿化行动。持续深入实施生态保护修复工作，启动川西北生态示范区建设水平评价，积极开展生态文明建设示范创建工作。正式设立大熊猫国家公园，加快创建若尔盖国家公园，将生态、文化与旅游有机融合。

建立并严守长江经济带战略环评生态保护红线、环境质量底线、资源利用上线和环境准入负面清单，努力守住自然生态安全边界。持续关注长江黄河上游土壤污染风险管控试点，重点监测小流域水质达标情况，落实跨界河流联防联治，建设流域环保基础设施、水环境保护和水污染治理，开展磷化工企业清洁化改造。建立健全长江、黄河流域跨省横向生态保护补偿机制，坚持推进赤水河流域生态保护补偿试点工作，不断完善沱江、岷江、嘉陵江等重点流域横向生态补偿机制。深入推进河（湖）长制，实施"一河一策"，持续开展清河、护岸、净水、保水四项行动，实施一批生态保护修复重大项目，加强水土保持。全面落实长江流域十年禁渔等举措保护水资源的可持续发展。制定美丽四川建设战略规划纲要，出台黄河流域生态保护和高质量发展规划，建立长江、黄河流域跨省横向生态保护补偿机制，制定生态保护红线内矿业权分类退出办法，"三区三线"划定国家级试点顺利推进，切实担负起建设长江、黄河上游生态屏障政治责任。

实施重点生态功能区产业准入负面清单制度，建立污染防治攻坚重点县清单、农用地土壤环境质量类别清单、建设用地土壤污染修复目录和开发利用负面清单，深入打好污染防治攻坚战。实施重点区域土壤整治工程和城市污染场地治理工程，加强固体废物污染风险防控，建立与区域环境承载力相匹配的主要污染物排放指标管理体系，健全企业环境信用评价体系。加强臭氧和PM2.5协同防控，认真做好监测预警预报和重污染天气应对，实施成都平原、川南、川东北城市群大气污染综合整治，持续实施减排、抑尘、压煤、治车、控秸"五大工程"，区域间开展联防联控共同应对重污染天气。有力有序推进碳达峰碳中和，坚持降碳、减污、扩绿、增长协同推进，深入实施碳达峰行动，统筹推动产业结构、能源结构、交通运输结构、用地结构优化调整，制定二氧化碳排放达峰行动方案，建立完善减污降碳激励约束机制。出台支持绿色低碳优势产业高质量发展18项政策，将碳排放约束性指标纳入评价考核体系，在全国率先试行环评预审制度，坚决遏制"两高"项目盲目上马。加强先进绿色低碳技术研发应用，强化"双碳"目标科技支撑。推动用能权、碳排放权交易，多措并举保障电煤电力供应。培育壮大清洁能源及其支撑、应用产业，建立健全绿色低碳循环发展经济体系。定期进行暗访调查，做好生态环境保护督察工作，针对发现问题进行及时整改。

持续推进国家清洁能源示范省建设，通过发展节能环保、风光水电清洁能源等绿色产业，全面推行清洁能源替代，建设绿色产业示范基地，大力推动绿色发展。对符合条件的电能替代项目，通过价格政策、奖励、补贴等方式给予支持。科学有序开发金沙江、雅砻江、大渡河等水电资源，加快建设水电外送的第四通道。重点推进民族地区风电基地和光伏扶贫等新能源项目。建设全国页岩气生产基地。科学布局全力建设电动汽车充换电设施，储气调峰设施和储能及智能微电网，鼓励公共机构配备使用新能源汽车。实施产业园区绿色化、循环化改造，确保资源节约集约循环利用。持续推进能源消耗和总量强度"双控"，实施电能替代工程和重点节能工程。倡导绿色生活方式，全面推进清洁生产，大力实施节水行动与光盘行动，建设节约型社会，创建节约型机关。

四川省委十二届二次全会强调要继续深入践行绿水青山就是金山银山的理念，协同推进降碳、减污、扩绿、增长。2023 年全国两会以后，全国上下都将全力推动区域重大战略生态保护和经济发展协同共进。四川也将全面推动长江经济带发展，扎实推进黄河流域生态保护和高质量发展。加快落实"碳达峰十大行动"和全面节约战略，推进各类资源节约集约高效利用。深入推进环境污染防治，持续打好蓝天、碧水、净土保卫战。抓实中央生态环境保护督察反馈问题整改，推进省级生态环境保护督察。加强长江黄河上游生态一体化保护和系统治理，加强生物多样性保护。落实河湖长制、林长制，实施"三线一单"生态环境分区管控制度，健全生态产品价值实现机制，完善生态保护补偿制度，实施林草碳汇项目开发试点。健全现代环境治理体系，开展美丽四川建设试点。担当维护国家生态安全的时代使命，发挥生态本底良好优势，筑牢长江黄河上游生态功能重要承载地。

（四）全方位深化开放合作

形成立体全面开放新态势，全力打造改革开放新高地，既是落实习近平总书记提出的推动内陆和沿海沿边沿江协同开放，打造立体全面开放格局要求的重大举措，也是对接先进生产力、不断拓展发展新空间的现实需要。四川省担当助推构建对外开放新发展格局的时代使命，充分发挥南向西向开放门户优势，积极落实强力推进全方位开放深化合作，突出南向、提升东向、深化西向、扩大北向，通过东联西延、南北突进，全力建设开放大通道，构筑参与国际合作和竞争新基地。

目前，成都天府软件园获批国家数字服务出口基地，四川天府新区进口贸易促进创新示范区，四川组建了四川省西部陆海新通道物流产业发展联盟，成都高新西园、成都国际铁路港，以及泸州、宜宾、绵阳综合保税区正式通过验收。成功举办"一带一路"国际友城论坛、西博会、科博会、泛珠论坛、金砖国家国际竞争大会、中外知名企业四川行等活动，四川投资吸引力不断增强。尼泊尔、智利驻成都总领馆正式开馆，土耳其驻成都总领馆获批设立，新增国际友城和友好合作关系达418对，开放合作朋友圈越来越大。充分发挥长江黄金水道功能，持续打造国际航空枢纽，共建长江上游航运中心，构建长江上游综合立体交通走廊，全省建成民用运输机场15个、进出川综合交通运输通道38条，开通国际国内客货运输航线131条、通达全球65个国家（地区），国际班列链接境外66个城市。四川铁路营运里程达5687公里，高速公路通车里程达8608公里，马尔康至青海久治等高速公路正在抓紧建设，出川大通道达40条。开行国际班列4358列，成都中欧班列境外城市站点达68个。2021年6月，成都天府国际机场正式开航投运，拥有全球首个时速350千米高铁不减速下穿航站楼工程。2021年11月，成都（双流）空铁国际联运港海铁联运班列首发开行，双流区"航空＋西部陆海新通道"产品全新升级。成都实现了国际机场"两场一体"的运营，有利于下一步加强国际化集群化运营管理，提升运行效率和服务品质。目前，双流国际机场和天府国际机场旅客吞吐量居全国第一；中欧班列（成渝）开行 3898 列，占全国总量的 29.9%。成都国际铁路港、泸州、宜宾、绵阳 4 个综合保税区和南充保税物流中心（B 型）正式封关运行，立体全面开放格局加快形成。

在此基础上，四川不断创新政务互访、国际合作协商议事等对外合作机制，深化政府间合作。加强与长江重庆港、上海港等合作，对接融入长江经济带发展战略。推动建立天府新区与雄安新区合作交流机制，探索国家级新区践行新发展理念。主动对接粤港澳大湾区建设，充分发挥泛珠三角区域合作机制和川港、川澳合作会议机制作用。学习借鉴长三角一体化发展经验。完善成都平原经济区、川南经济区等区域一体化推进机制。全力推动五大片区的协同发展，逐步完善区域发展政策体系，确保区域政策与财政、金融、产业、投资、土地、环保等政策的协调配合。

不断深化开放合作机制，积极对接落实区域全面经济伙伴关系协定和中欧投资协定，加快西部陆海新通道建设，提升畅通国内国际双循环的门户枢纽功能。深入实施自由贸易试验区建设引领性工程，推动建设川渝自贸试验区协同开放示范区，深化川渝、川黔、川桂合作共同推进南向开放通道建设，加强与沿线地区产业合作。积极参与中国国际进口博览会、"一带一路"高峰论坛等国际交流活动，加强外国来川设立领事机构的协调、管理和服务，全面开展国际区域合作。充分发挥综合保税区和保税物流中心（B 型）功能，推进国际合作园区差异化发展，大力推进精准招商示范园区建设，提升开放平台能级。鼓励发展跨境电商、市场采购贸易，加快建设国家级进口贸易促进创新示范区和跨境电子商务综合试验区。推进"一带一路"进出口商品集散中心建设，推动成都国际铁路港升级为国家级经开区。进一步拓展省际区域合作，加强川滇黔、川陕、川甘青结合部区域合作，深入推进成渝城市群一体化发展，落实流域上下游协同发展理念。

接下来，四川省将继续打好重点领域改革攻坚战，完善有利于推动高质量发展的体制机制。积极融入全国统一大市场，深化要素市场化配置改革，建设高标准市场体系，实施营商环境提升行动。深化"放管服"改革，推进政务服务"一网通办""跨省通办"。推进国有企业战略性重组和专业化整合，持续做强做优做大国有资本和国有企业。支持民营经济发展壮大，依法保护民营企业产权和企业家权益，开展民营企业雁阵培育五年行动计划，推进县域民营经济改革试点，优化中小微企业和个体工商户发展环境。深化事业单位改革。深化预算管理制度改革，健全政府资源配置体系，加强机关运行保障管理。

同时还要继续扩大高水平对外开放。积极参与"一带一路"建设，畅通西部陆海新通道，提升中欧班列（成渝）、中老班列运营效能，深度融入区域全面经济伙伴关系协定大市场，构建第三亚欧大陆桥国际贸易枢纽。实施开放平台提能工程，开展自由贸易试验区对标领航、海关特殊监管区域赋能提质、国家级经济技术开发区创新提升行动，增强中国－欧洲中心发展能级。创建天府国际机场国家级临空经济示范区，提升机场、港口等口岸能级。加快建设"一带一路"进出口商品集散中心（四川），推动货物贸易优化升级，创新服务贸易发展机制，建设贸易强省。拓展外国来川设领和国际友城交往，打造"金熊猫"对外传播品牌，建设国家文化出口基地。扩大西博会、科博会等重大展会国际影响力，开展重大产业化项目招引专项行动，推动"双向投资"提质增效。深化川港澳台合作，加强浙川东西部协作。担当助推构建对外开放新发展格局的时代使命，发挥南向西向开放门户优势，构筑参与国际合作和竞争新基地。

（五）坚持推进"治边稳藏"战略，担当服务党和国家事业全局

早在 2013 年 3 月，习近平总书记在参加第十二届全国人大第一次会议西藏代表团审议时，对西藏工作作出"治国必治边，治边先稳藏"的重要指示。"治边稳藏"战略思想将"治国""治边"与"治藏"问题联系

起来，形成系统化的理论体系，成为党的"治藏方略"最新理论创造，有着鲜明的理论与实践特色。它是以习近平同志为核心的党中央统筹国际国内两个大局，从党和国家事业全局和中华民族伟大复兴的战略高度作出的重大决策部署。

四川省委多次组织涉藏工作会议，深入学习习近平总书记历次西藏工作座谈会的重要精神，要求全省上下全面落实新时代党的治藏方略，以高度政治责任感使命感做深做细做实相关涉藏工作，奋力谱写四川涉藏州县长治久安和高质量新篇章。

近年来，四川省委、省政府牢牢掌握反分裂斗争主动权，加强对藏区群众的教育引导，提高依法治理水平，严格落实意识形态工作责任制。深入开展党史、新中国史、改革开放史、社会主义发展史教育，培育和践行社会主义核心价值观，不断加强学校思想政治教育，持续深化民族团结进步创建，大力促进各民族交往交流交融。坚持藏传佛教中国化方向，推动藏传佛教与社会主义社会相适应。巩固拓展脱贫成果，特别关注自然环境相对恶劣、经济发展基础薄弱、社会事业发展相对滞后的涉藏地区脱贫县，接续推进与乡村振兴有效衔接，大力发展特色优势产业，加快涉藏州县基础设施建设，把保障和改善民生放在更加突出的位置，不断提升各族群众获得感幸福感安全感。同时，进一步加快川西北生态示范区建设，完善生态补偿机制，全面实施重点生态修复工程，加大对自然灾害防治能力重点工程建设支持力度，加强森林草原防火工作，全力保障涉藏地区的安全稳定工作。涉藏州县党委切实担负主体责任，省委涉藏工作领导小组及涉藏办加强统筹协调、狠抓督导各项工作的落实情况。省直有关部门不断加大藏区政策支持力度，努力做好"十四五"规划项目的落实推行，各对口支援市把援助工作当成分内之事、倾力倾情援助帮扶，经过各方面的共同努力，形成强大合力，共同推动中央和省委决策"治边稳藏"战略部署在川落地见效。

党的二十大以后，中共四川省委召开十二届二次全体会议，明确提出全省将继续担当服务国家"治边稳藏"的时代使命，发挥连接西藏和沟通南亚、东南亚的区位优势，巩固实现稳藏安康的战略要地。四川将全面贯彻新时代党的治藏方略，把思想和行动统一到党中央决策部署上来，聚焦省委"总牵引""总抓手""总思路"，坚持稳中求进工作总基调，统筹推进稳定、发展、生态、强边"四件大事"，着力推动涉藏州县长治久安和高质量发展。

下一步，四川省将全力以赴拼经济搞建设，把贯彻新发展理念与落实涉藏地区高质量发展"三个赋予、一个有利于"要求相结合，全力做好清洁能源、特色农牧业、文化旅游"三篇大文章"，建立企业主体与农牧民群众利益联结机制，谱写共同富裕涉藏篇章。要充分认识民营经济在全面建设社会主义现代化国家新征程中的重要地位和作用，深刻领悟党中央高度重视和促进民营经济发展壮大的战略部署，坚决落实"两个毫不动摇"，持续优化营商环境，主动为民营企业解难题、办实事，构建亲清统一的新型政商关系，鼓励支持民营经济和民营企业发展壮大。深化川西北生态示范区建设，坚定不移贯彻共抓大保护、不搞大开发方针，强化上游意识、上游责任、上游担当，守护好长江黄河"一江清水"，筑牢长江黄河上游生态屏障。

二、扎实推进成渝地区双城经济圈建设

党的二十大报告和中央经济工作会议均强调，要深入实施区域重大战略和区域协调发展战略，2023 年全国两会也明确了将深入实施区域重大战略的重点任务——成渝地区将以都市圈建设为重点，提升两核发展能级和辐射带动能力。从国家层面看，推动成渝地区双城经济圈建设是党中央着眼"两个大局"、打造带动全国高质量发展重要增长极的战略决策。从成渝地区看，推动成渝地区双城经济圈建设是深化川渝合作、促进区域优势互补协同共兴的战略举措。

（一）锚定"一极一源、两中心两地"的目标定位

构建以国内大循环为主体、国内国际双循环相互促进的新发展格局，是以习近平同志为核心的党中央根据我国发展阶段、环境、条件变化，审时度势作出的重大决策。成渝地区双城经济圈建设是习近平总书记亲自研究、亲自部署、亲自推动的，着眼两个大局、打造带动全国高质量发展重要增长极和新的动力源作出的战略决策，也是构建新发展格局的一项重大举措，四川省第十二次党代会将其明确为新时代治蜀兴川的战略牵引。2021年，四川省全面落实《成渝地区双城经济圈建设规划纲要》和联合实施方案，强化规划衔接政策对接，出台相关实施意见与专项规划或行动方案，成渝地区双城经济圈建设取得初步成效。

成渝双城经济圈作为中国经济发展的第四极，是四川高质量发展的重要依托。推动成渝地区双城经济圈建设，是国家构建新发展格局的重大举措，也是四川贯彻落实新发展理念、融入新发展格局的战略引领。四川锚定"一极一源、两中心两地"的目标定位，以此统揽全省区域经济布局和各领域重大部署，树牢"一盘棋"思想和一体化发展理念，优化完善川渝合作机制，着力打造带动全国高质量发展的重要增长极和新的动力源。加快做大经济总量、提高发展质量，不断增强区域发展活力和国际影响力。

近年来，四川着力推动成渝地区双城经济圈建设成势见效，区域协调发展格局加快形成。2021年，四川召开党政联席会议2次，形成"1+4+7"政策体系。成渝地区双城经济圈作为"四极"之一进入国家综合立体交通网，获批建设工业互联网一体化发展国家示范区、全国一体化算力网络国家枢纽节点。67个合作共建重大项目开工65个、完成投资2154亿元。设立明月山绿色发展示范带、泸永江融合发展示范区、内荣现代农业高新技术产业示范区，川渝高竹新区、遂潼一体化发展先行区等毗邻地区合作平台建设扎实推进。启动碳达峰碳中和联合行动，建立跨区域财税协同机制，实施便捷生活六大行动。

（二）聚力抓好川渝高水平合作的重点领域

四川省不断推动川渝合作共建再深化，聚力抓好川渝高水平合作的重点领域，聚焦交通基础设施建设、现代化产业体系、区域协同创新、国土空间布局、生态环境保护等方面，多举措、求突破，不断完善内联外畅的双城交通网，携手打造共赢互补的双城产业链，力争推进成渝经济圈优质高效快速发展。

为畅通主轴通道，四川加快建设成渝中线、渝西等高铁，加密川渝间高速公路主通道，打造沿线交通枢纽，提升主轴城市内外联通水平，形成1小时通勤圈。聚焦"外畅"打通多向出川大通道，构建陆海互济、东西畅达、南北贯通的"四向八廊"战略性综合运输通道格局。加快成都外环铁路和成德、成眉等城际、市域（郊）铁路前期工作，推进轨道交通资阳线、天府大道北延线、成都平原经济区环线高速等项目建设，成达万、成自宜、渝昆等高铁开工建设，川藏铁路、西部陆海新通道等重大工程顺利实施，西成客专、成贵客专等建成通车。天府国际机场建成投运，实现与双流国际机场"两场一体"运营。高速公路通车里程达8608公里，居全国前列，进出川大通道增至40余条，全面迈入建设交通强省的新阶段。四川省委以"砸锅卖铁也要修"的决心，集中资源力量打了一场振奋人心的高铁"翻身仗"，带动构建现代综合交通运输体系。接下来，四川省还将大力推进160个共建重大项目，加快建设成渝中线高铁等项目，建成泸州至永川高速公路，力争开工建设天府南—重庆铜梁1000千伏特高压交流工程等项目，加快推进成渝、遂渝高速公路扩容等项目前期工作。

全面落实《成渝地区双城经济圈建设规划纲要》、联合实施方案和重点专项规划，强化规划衔接政策对接，出台4个实施意见、7个专项规划或行动方案。川渝两地市场主体和社会组织不断加强对接合作，广泛凝聚共识和合力，共推重大项目、共建重大平台、共抓重大改革、共谋重大政策，协同推动交通建设、产业发展、科技创新、对外开放、毗邻合作、生态建设、公共服务等方面取得突破。支持川渝两地市场主体和社会组织加强对接合作，广泛凝聚共识和合力。

下一步，川渝两地将继续通力协作，共同构建高质量的现代化产业体系，坚持以供给侧结构性改革为主线，全面融入全球产业链，深度参与国际分工，推进产业集群集约发展，加快传统产业转型升级，建设与实体经济、科技创新、现代金融、人力资源协同发展的现代化产业体系，携手打造区域协作的高水平双城经济圈样板。

（三）推动经济区与行政区适度分离改革

探索成渝地区双城经济圈经济区与行政区适度分离改革，是《成渝地区双城经济圈建设规划纲要》部署的引领性、支撑性重大改革任务。推动经济区与行政区适度分离改革，包括跨省市级层面、毗邻交界地区层面、省市内部层面，需要从经济区的角度推动跨区域规划管理、行政审批、产业协作、市场监管、生产要素流动、成本分担和利益共享等方面改革。四川省第十二次党代会也明确提出，要不断探索经济区与行政区适度分离改革的实现路径，促进各类生产要素有序流动、优化配置，以跨省域、跨市域功能平台为重点，形成联系更加紧密的发展共同体，以体制机制创新激发双城经济圈建设内生动力。

近年来，四川正在努力探索适合经济区发展的改革路径，尝试经济区与行政区的适度分离。为进一步优化川内营商环境，深入推进"放管服"改革，实施统一的市场准入负面清单制度，推进经济区内行政审批跨市"无差别化"受理，不再受行政区政策的限制，将与群众生产生活密切相关的政务服务事项依法赋予乡镇（街道）办理。建设全省统一的大数据资源中心，聚焦"联、通、办"问题，打破"信息孤岛"，擦亮"天府通办"品牌，建立健全跨部门综合监管制度，加强和改进对平台经济、共享经济等新业态领域管理服务。完善政务大厅"一站式"服务功能，提升网上政务服务能力，创建经济区行政管理新常态。

在多举措改善营商环境的同时，不断创新区域协调机制。建立跨区域合作项目成本共担利益共享机制，创新合作园区共建共享机制，确保园区市场化、公司化运营。加大对重点生态功能区补助力度，鼓励生态受益地区与生态保护地区通过资金补偿、对口协作、产业转移、人才培训、共建园区等方式建立横向补偿关系。强化以企业合作为载体的扶贫协作，吸引东部企业到贫困地区投资兴业、发展产业、带动就业。深入推进省内发达地区与欠发达地区、经济转型升级困难地区对口协作（合作），引导对口协作（合作）地区开展相互投资和贸易活动。合理调整资源开发收益分配政策，鼓励资源输入地通过共建园区、产业合作、飞地经济等形式支持输出地发展接续产业和替代产业。一定程度上促进了省内各类生产要素有序流动、优化配置。

四川省委十二届二次全会对如何突出成渝地区双城经济圈的总牵引提出了要求和作出了系统部署，要求突出双城引领，强化双圈互动，推进两翼协同，加快中部崛起，推动战略实施全面提速、整体成势。聚力抓好川渝合作重大项目、重大平台、重大改革，积极探索经济区与行政区适度分离改革有效路径，加快建设万达开川渝统筹发展示范区、川南渝西融合发展试验区、川渝高竹新区等毗邻合作平台，合力打造区域协作的高水平样板。持续推动国土空间、生态环境保护等规划尽快出台；制定实施经济区与行政区适度分离改革方案，协同推进土地管理、市场监管、税费征管一体化等改革取得突破。在推进新时代西部大开发中发挥支撑作用，在推进共建"一带一路"中发挥带动作用，在推进长江经济带绿色发展中发挥示范作用。

三、全面实施"四化同步、城乡融合、五区共兴"战略部署

聚焦解决四川发展不平衡不充分问题，对标党的二十大部署要求，紧

扣四川省情实际和发展阶段性特征，四川省委紧紧围绕贯彻落实党的二十大精神和习近平总书记对四川工作系列重要指示精神来审视谋划治蜀兴川事业发展，召开四川省委十二届二次全会，对以中国式现代化引领四川现代化建设作出全面部署。明确提出以成渝地区双城经济圈建设为总牵引，以"四化同步、城乡融合、五区共兴"为总抓手，加快推进城乡融合发展，促进省内先发地区同欠发达地区协同共兴，以此统揽四川现代化建设全局。

当前，四川发展已经站在新的历史起点，迈上了全面建设社会主义现代化四川新征程。但我们也清醒认识到，四川人口多、底子薄、不平衡、欠发达的基本省情没有根本改变，发展不平衡不充分仍然是我们面临的主要矛盾和突出问题，如何以创新思路办法推进成渝地区双城经济圈建设，统筹推进"四化"同步发展，加快推进城乡融合发展，促进省内先发地区同欠发达地区协同共兴，巩固拓展脱贫攻坚成果同乡村振兴有效衔接，持续用力深化改革扩大开放等，是对我们最现实、最直接的考验。

根据四川省委工作会议的要求，我们将坚持新型工业化主导、信息化引领、城镇化带动、农业现代化固本，推动信息化和工业化深度融合、工业化和城镇化良性互动、城镇化和农业现代化相互协调，加快质量变革、效率变革、动力变革。进一步破除城乡二元结构，畅通城乡经济循环，促进城乡资源要素双向流动、优化配置，推动城乡产业协同发展、基础设施一体布局、公共服务普惠共享，加快形成工农互促、城乡互补、协调发展、共同繁荣的新型工农城乡关系。在成渝地区双城经济圈的引领下，坚持成都极核引领、都市圈带动、增长极支撑，高水平推动成都平原、川南、川东北、攀西经济区和川西北生态示范区协同发展，加大先发带后发、先富帮后富力度，促进优势区域更好发展、生态功能区更好保护、后发潜力区加快追赶。坚持以重点突破带动整体推进，推动"四化同步、城乡融合、五区共兴"全面落地见效。

（一）推动新型工业化、信息化、城镇化和农业现代化协同发展

四川现代化建设是中国式现代化进程的生动缩影，经历了与全国一样的长期奋斗过程。当前阶段，四川现代化建设主要呈现以下特征：一是工业化处于由中期向中后期转型推进期；二是城镇化处于加快推进期；三是农业现代化处于提质增效期；四是信息化处于动能释放期；五是城乡发展处于深度融合期；六是区域发展处于协同优化期。这些特征决定了四川现代化建设之路是一个多重任务叠加、多重目标协同、多重路径并行的共进过程，必须从战略上进行系统谋划推动，更好适应新阶段新任务新要求。

在现代化建设过程中，四川精准对接国家政策投向，争取更多项目资金支持，创新机制撬动社会资本投资，加大科技攻关、生态环保、基本民生、现代农业等项目投资力度。2022年，全省加大"两新一重"项目建设力度，加快千兆光网、一体化大数据中心、充换电站等新型基础设施建设，推进公共服务、市政公用等新型城镇化建设，落实促进制造业项目投资建设"十二条"政策，突出抓好500个重点工业和技改项目，实施重大产业化项目招引专项行动，促进招商引资项目加速落地见效。做深做细"十四五"规划重大工程项目前期工作，适度超前开展基础设施投资。健全县乡村三级物流体系，开展县域农村数字商业试点。力争在高质量发展中逐步缩小区域差距，进一步壮大发展主干、做强次级支撑和经济发展优势区域。统筹协调加大资源和力量的投放，以经济主干地区带动革命老区、脱贫地区、民族地区以及盆周山区等"四类地区"协调发展。

强化落实区域协调发展，需要进一步提升新型城镇化建设质量。完善国土空间规划体系，稳步推进市县国土空间规划编制。优化城市整体设计，凸显文化底蕴和特色。开展城市体检评估，推进智慧城市建设，提升市政基础设施智能化水平。深化"小县优城"试点和国家县城新型城镇化建设示范，加快农业转移人口向县城和县域副中心集中。大力推动现代农

业发展。推进"以粮为主、粮经统筹"现代农业示范区建设，加强农田水利基本建设，新建高标准农田450万亩。全面摸清耕地底数，加快恢复补充，守住耕地红线。严格用途管制，农田必须是良田、永久基本农田重点种粮。深入实施种业振兴行动，开展"稻香杯"优质米评选，提高农机装备水平。加快成渝现代高效特色农业带和成德眉资都市现代高效特色农业示范区建设，创建国家现代农业园区2个、农业现代化示范区3个。发挥乡村振兴产业引导基金作用，加快乡村产业发展。积极培育新型农业经营主体，新增省级重点龙头企业98家，建立农民专业合作社名录10.5万个，新增农民合作社质量提升试点县80个。开展商标、地理标志品牌经济培育专项行动，打造一批"川字号"绿色优质农产品品牌，发展"一村一品""一乡一业"，创建国家级农业产业强镇15个以上。

根据四川省委十二届二次全会的要求，明确了四川下一步工作开展的重点方向。第一，要紧扣四川省情实际和发展阶段性特征，服务国家战略，以"四化同步、城乡融合、五区共兴"为总抓手，推动新型工业化、信息化、城镇化和农业现代化在时间上同步演进、空间上一体布局、功能上耦合叠加，加快推进城乡融合发展，促进省内先发地区同欠发达地区协同共兴，以此统揽四川现代化建设全局，更好促进区域协调发展。第二，在落实区域协调发展的基础上，加快新型城镇化步伐。城镇化是现代化的必由之路，应当坚持以人为核心的理念，以城市群、都市圈为依托构建大中小城市协调发展格局，推进以县城为重要载体的城镇化建设，合理发展农产品主产区县城，有序发展重点生态功能区县城，促进县域经济高质量发展。加快形成分工合理、功能互补、良性互动的城镇化整体布局，正确处理好人、产、地之间的关系，实现高水平的产城融合，进一步建设新型城镇化，不断缩小城乡差距。第三，做实四川优势，充分发挥新型工业化的主导作用。把发展经济的着力点放在实体经济上，坚持工业兴省，大力实施制造强省战略。在优势产业高端化上做文章，在传统产业新型化上下苦功，在新兴产业规模化上求突破，以工业为主擎建设具有四川特色的现代化产业体系。同步实施服务业赋能融合计划、构建优质高效的服务业新体系，形成"四川制造"与"四川服务"相得益彰的新局面。第四，强化技术引领，加快数字化建设。信息化是当今时代最鲜明的特征和标志，我们应当更好地发挥信息化的牵引带动作用，加快建设数字四川，推动基础设施信息化升级，推动企业行业信息化改造，推动经济社会信息化转型，促进数字经济与实体经济深度融合，充分释放数字化发展的放大、叠加、倍增效益，抢占未来发展制高点。第五，持续做优做强市场主体，大力发展民营经济。党的二十大报告再次重申"两个毫不动摇"，进一步明确了做好新时代民营经济工作的坚定决心和战略方向。四川省委始终把民营经济发展摆在突出位置，强调要促进民营经济在集群成链中做大规模、做优结构、做强实力，持续激发经济发展活力。第六，推动新型工业化与农业化相互协调，以保障粮食等重要农产品有效供给为首要任务，坚持工业反哺农业。依托新型工业化抓紧补齐农业劳动生产率偏低的短板，大力推动农业生产供应链、精深加工链、品牌价值链"三链同构"，支持农产品加工集群式发展，推动畜禽规模化标准化养殖，进一步提升农业集约化、标准化、组织化和市场化程度，推动构建农业现代化。

（二）坚持以城带乡、以工促农，加快形成城乡共同繁荣新局面

四川省委十二届二次全会指出，城镇化是现代化的必由之路，农业现代化对四川具有特殊重要的意义，城乡融合发展是现代化的重要标志，必须坚持以城带乡、以工促农，推动城市基础设施向乡村延伸、公共服务向乡村覆盖、现代文明向乡村传播，加快形成城乡共同繁荣新局面。

四川进入工业化中后期阶段，城镇化率突破50%，但城乡发展不平衡、乡村发展不充分的问题十分突出。为了改变乡村落后的状态，在工作推进中，始终坚持把学习贯彻习近平新时代中国特色社会主义思想和习近平总书记对四川工作系列重要指示精神作为重大政治任务，把做好巩固拓展

脱贫攻坚成果同乡村振兴、城乡融合发展有效衔接作为整个"十四五"时期农村工作最重要的任务，摆在突出位置。把实施乡村振兴战略作为做好"三农"工作的总抓手，建立并完善相关政策体系，完成省、市、县三级乡村振兴机构优化重组，坚持农业农村优先发展，聚焦打造新时代更高水平的"天府粮仓"，着力构建粮经统筹、农牧并重、种养循环的现代农业体系，切实做大擦亮农业大省金字招牌，加快四川由农业大省向农业强省跨越。

2021 年，全省选派新一轮驻村干部 3.4 万名，全国首个乡村振兴金融创新示范区在川落户。四川进一步推进浙川东西部协作，实施帮扶项目 776 个、完成投资 34 亿元。出台指导意见和"1 + 24 + 1"工作方案，划分乡镇级片区 809 个，以片区为单元编制乡村国土空间规划。颁布实施农村集体经济组织条例，农村集体产权制度改革基本完成，农村承包地确权颁证率达 97.5%，1292 个村探索开展合并村集体经济融合发展试点，新增家庭农场 1.1 万家。推进乡村建设，实施"美丽四川·宜居乡村"建设行动，设立 100 亿元乡村振兴投资引导基金，实施农村危房和农房抗震改造，完善农村基础设施。农村卫生厕所普及率、生活垃圾处理体系覆盖率分别达 87%、96%。新改建农村公路 1.7 万公里，新创建"四好农村路"全国示范市 1 个、示范县 10 个，12 个乡镇、119 个村被认定为全国乡村治理示范镇村，评选"最美古镇"20 个、"最美村落"30 个、"水美新村"316 个。

接下来全省都要深入落实党的二十大与 2023 年全国两会的会议精神，将继续深入实施乡村建设行动，加大力度改善农村生产生活条件，加快农业农村现代化步伐。落实最严格的耕地保护制度，严守永久基本农田红线，推进高标准农田建设，实施种业振兴行动，提高农业综合生产能力，稳定粮油、生猪等重要农产品供给。大力发展现代农业园区和农业科技园区，壮大新型农村集体经济，培育新型农业经营主体，探索建立新型职业农民制度。把加快城镇化步伐摆在全局工作的突出位置，坚持构建以人为核心的新型城镇化，推进以县城为重要载体的城镇化建设，提高农业转移人口市民化质量。统筹划定"三区三线"，优化生产生活生态空间布局。聚焦基础设施建设、优势产业培育、特色资源开发、公共服务保障、生态价值转化等领域，研究制定差别化支持政策，着力增强欠发达地区"造血"功能和内生动力。注重革命老区、脱贫地区、民族地区、盆周山区高质量发展，扎实抓好地震灾区恢复重建，提高全域协调发展水平。

还将开展城市更新行动，建设现代化城市。抓好以片区为单元的乡村国土空间规划编制实施，增强中心镇（村）辐射带动作用。进一步完善国土空间规划体系，稳步推进市县国土空间规划编制。优化城市整体设计，凸显文化底蕴和特色。开展城市体检评估，推进智慧城市建设，提升市政基础设施智能化水平。深化"小县优城"试点和国家县城新型城镇化建设示范，加快农业转移人口向县城和县域副中心集中。以城市群、都市圈为依托，努力构建大中小城市协调发展格局，推进以县城为重要载体的城镇化建设，加快形成分工合理、功能互补、良性互动的城镇化整体布局。在此基础上，坚持以城带乡、以工促农，推动城市基础设施向乡村延伸、公共服务向乡村覆盖、现代文明向乡村传播，加快形成城乡共同繁荣新局面。

（三）五区共兴是破解发展不平衡问题的现实需要

四川省委十二届二次全会强调，五区共兴是破解发展不平衡问题的现实需要，也是推进四川现代化建设的必然要求，必须充分考虑不同地区禀赋条件和发展基础差异，高水平推动区域协调发展，建强动能更充沛的现代化成都都市圈，做强支撑更有力的次级增长极，推动欠发达地区跨越发展，促进成都平原、川南、川东北、攀西经济区和川西北生态示范区协同共兴。

近几年，四川努力提升成都国家中心城市能级，做强成都作为国家中心城市的核心功能，充分发挥引领辐射带动作用，大力发展成都都市圈，围绕服务国家战略、带动区域发展、参与全球合作，提升对国际国内高端战略资源的集聚集成能力，建设全国重要经济中心、科技中心和世界文化名城、国际门户枢纽、国际消费中心城市，增强对川渝其他区域的引领辐射带动能力。大力支持成都建设践行新发展理念的公园城市示范区，总体方案已编制完成并获国家批复。全力推进龙泉山城市森林公园建设，打造中国西部具有全球影响力和美誉度的现代化国际大都市。

不断做强天府新区总部集群、科技创新、商务会展、现代金融、文化创意等核心功能，支持成都东部新区发展航空经济、智能制造、现代物流、国际消费等主导产业。切实抓好成德临港经济、成眉高新技术、成资临空经济产业协作带和成德眉资都市现代高效特色农业示范区建设，创建成德眉资同城化综合试验区。支持德阳建设世界级重大装备制造基地和成渝地区双城经济圈制造强市、眉山建设新时代更高水平"天府粮仓"示范区和成渝地区新能源新材料制造基地、资阳建设成都都市圈现代化产业新城和成渝地区中部崛起示范区，加快建设成德眉资创新共同体，打造轨道上的都市圈、高能级产业生态圈和公共服务均衡共享优质生活圈。

突出成都主枢纽功能，提升区域中心城市能级。坚持多中心、组团式发展，打造支撑全省高质量发展的重要引擎。建设现代物流枢纽体系，与重庆共建复合型国际枢纽集群。坚持全产业链贯通、开放式互联，推动成渝地区产业高效分工、错位发展、有序竞争、相互融合，促进产业基础高级化、产业链现代化，加快建设现代化产业体系。做强节点城市，资阳、内江、遂宁等沿线城市主动承接双城辐射，与重庆共建遂潼川渝毗邻地区一体化发展先行区、资阳大竹文旅融合示范区。围绕成渝地区汽车、智能制造、电子信息、能源化工等优势产业加强配套协作，辐射带动成德绵眉乐雅广西攀、成遂南达、攀乐宜泸三大经济带加快发展。

编制实施五大片区"十四五"发展规划，出台支持省级新区建设和培育经济副中心的政策措施。成都平原经济区加快培育壮大环成都经济圈，构建铁路公交化运营网，打造先进制造业基地和现代服务业聚集区，支持绵阳科技城新区建设，促进内圈同城化、全域一体化。川南经济区抓好成自宜、渝昆高铁等项目，推进宜宾三江新区和自贸试验区川南临港片区建设，打造长江上游航运中心，推动内江、自贡同城化，与重庆共建川南渝西融合发展试验区、承接产业转移创新发展示范区，支撑双城经济圈南翼跨越。川东北经济区推进东出北上综合交通枢纽建设，加强嘉陵江流域经济协作，抓好南充临江新区建设，推进川陕革命老区振兴发展，加快建设万达开川渝统筹发展示范区，共建川渝高竹新区，促进双城经济圈北翼振兴。攀西经济区加快建设国家级战略资源创新开发试验区和攀西国家级现代农业示范区，推进安宁河谷综合开发，发展阳光康养度假旅游。川西北生态示范区协同抓好大保护大治理，做强现代高原特色农牧业，抓好飞地园区建设，发展全域旅游。2021 年，四川坚持"一区一策"，支持 4 个省级新区建设，投资均实现两位数增长。成都平原、川南、川东北、攀西经济区经济总量分别增长 8.5%、8.6%、7.6%、7.6%，川西北生态示范区绿色发展特色鲜明，七大区域中心城市经济总量全部突破 2000 亿元，其中绵阳、宜宾经济总量均超 3000 亿元。

2023 年全国两会以后，四川将持续顺应国家战略，唱好"双城记"、共建经济圈，继续提升成都极核发展能级，将成都建设成为公园城市示范区，充分发挥国家中心城市核心功能。继续推动成渝地区双城经济圈建设提速加码，绿色低碳优势产业高质量发展，厚植支撑国内大循环的经济腹地优势，从内陆腹地逐步走向开放前沿，以创新驱动高质量发展，逐步提升畅通国内国际双循环的门户枢纽功能，加速形成立体全面开放新态势，着力补齐基础设施、产业发展、公共服务等方面短板，提高全域协调发展水平。按照四川省委十二届二次全会精神，进一步强化国土空间规划引领，坚持走合理分工、优化发展的路子，以区域发展布局统筹项目、资源、人才等生产力布局，推动全省区域布局整体优化、功能体系整体完善、发展能级整体提升，构建优势互补、高质量发展的区域经济布局。

四、实施科教兴国战略，强化现代化建设人才支撑

党的二十大报告指出："教育、科技、人才是全面建设社会主义现代化国家的基础性、战略性支撑。"努力在新征程上开创党和国家事业发展新局，要坚持科技是第一生产力、人才是第一资源、创新是第一动力，深入实施科教兴国战略、人才强国战略、创新驱动发展战略，开辟发展新领域新赛道，不断塑造发展新动能新优势。应当坚持教育优先发展、科技自立自强、人才引领驱动，加快建设教育强国、科技强国、人才强国。

育才造士，为国之本，教育是国之大计、党之大计；科技为本，创新为源，是国家强盛之基，是民族进步之魂；功以才成，业由才广，人是教育的出发点，是科技创新的主体、人才战略的根基。近年来，四川深入推进创新驱动发展，坚持教育优先发展、科技自立自强、人才引领驱动，担当服务国家高水平科技自立自强的时代使命，不断提高教育水平，发挥院所高校众多、科教人才资源富集优势，加快建设西部领先的现代化教育强省，加快建设具有全国影响力的科技创新中心，加快建成国家创新驱动发展先行省，打造科技力量建设重要支撑地，站稳西部经济发展"领头羊"地位。

（一）着力推动教育提质增效

百年大计，教育为本。教育现代化是社会主义现代化建设的重要组成部分，是实现中华民族伟大复兴的基石。党的十八大报告把教育放在改善民生和加强社会建设之首，充分体现了党中央对教育事业的高度重视。党的十八大以来，习近平总书记从我国教育发展实际出发，围绕教育工作提出一系列重要论述。在 2018 年全国教育大会上，习近平总书记明确提出要坚持以人民为中心发展教育，强调要努力办公平而有质量的教育，努力让每个人享有受教育的机会，获得发展自身、奉献社会、造福人民的能

力。党的二十大报告中也强调坚持教育优先。坚持以人民为中心发展教育，是中国共产党人不忘初心、牢记使命的生动体现，彰显了我们党全心全意为人民服务的根本宗旨，是办好人民满意教育的根本遵循。

党的十八大以来，党和政府积极坚持以人民为中心，最大限度调动广大人民群众参与教育事业改革发展的积极性主动性创造性，取得显著成效。目前，各级各类教育加快发展，中国特色社会主义教育发展格局正在形成；网络教育、社区教育、老年教育蓬勃发展，人人学习、时时学习、处处学习的学习型社会建设也不断加快，广大人民享有优质多样教育的梦想正逐步成为现实，人民群众的教育获得感日益增强。四川省始终坚持深入学习贯彻习近平总书记关于教育的重要论述，认真落实教育优先发展战略，保障教育优先投入，连续 12 年教育财政投入实现正增长，全面完成国家"两个只增不减"目标任务。

截至 2021 年，四川省普惠性幼儿园覆盖率达 85.73%，学前教育毛入园率为 91.7%，九年义务教育巩固率为 96.55%，高中阶段毛入学率为 93.01%，高等教育毛入学率为 54.18%，四川省教育迈入普及化发展新阶段。为更好指导推进教育工作开展，2022 年 1 月，四川省人民政府新闻办在成都召开的《四川省基本公共服务标准（2021 年版）》新闻发布会上指出，在学有所教领域此次文件的实施必将进一步减轻经济困难学生家庭的经济负担，提升人民群众获得感幸福感，为办好人民满意教育、促进经济社会发展作出贡献。在学有所教领域，四川省将始终致力于减轻经济困难学生家庭的经济负担，推动标准化、均等化、普惠化、便利化，保障基本公共教育服务全覆盖，提升人民群众获得感幸福感。

此外，为加快推进教育现代化，中共四川省第十二次代表大会指出，四川省将坚持社会主义办学方向，落实立德树人根本任务，建设教育强省。推进学前教育普及普惠发展，大力发展公办幼儿园。促进城乡义务教育优质均衡发展，深入落实"双减"政策，补齐薄弱学校教学质量短板，努力让每个孩子都能享有公平而有质量的教育。深入实施民族地区"9 +

3"免费教育计划和"一村一幼"项目，推动民族地区教育提质增效。加快高中阶段教育多样化特色发展，实施县域普通高中发展提升行动计划。完善职业教育贯通培养体系，深化产教融合、校企合作。推动高等教育内涵式高质量发展，加快"双一流"建设步伐，提升应用型高校办学水平和综合实力。支持和规范民办教育发展，加强社区教育、老年教育、特殊教育和继续教育，办好各级开放大学，大力建设书香社会。

四川将继续贯彻"科技是第一生产力、人才是第一资源、创新是第一动力"的党的二十大精神，全面贯彻党的教育方针，落实立德树人根本任务，加快建设高质量教育体系，培养德智体美劳全面发展的社会主义建设者和接班人。坚持以人民为中心发展教育，加快义务教育优质均衡发展和城乡一体化，统筹职业教育、高等教育、继续教育协同创新，加强基础学科、新兴学科、交叉学科建设，深化教育领域综合改革，培养高素质教师队伍，建设全民终身学习的学习型社会。

（二）加速推进科技创新能力提升

全面建设社会主义现代化国家，离不开科技创新的强大支撑，必须完善科技创新体系，加快实施创新驱动发展战略，大力提升自主创新能力，尽快突破关键核心技术，把创新主动权、发展主动权牢牢掌握在自己手中。

党的二十大报告指出，要完善科技创新体系，坚持创新在我国现代化建设全局中的核心地位，健全新型举国体制，强化国家战略科技力量，提升国家创新体系整体效能，形成具有全球竞争力的开放创新生态。加快实施创新驱动发展战略，加快实现高水平科技自立自强，以国家战略需求为导向，集聚力量进行原创性引领性科技攻关，坚决打赢关键核心技术攻坚战，加快实施一批具有战略性全局性前瞻性的国家重大科技项目，增强自主创新能力。

近年来，四川全面贯彻创新驱动发展战略，持续加大研发投入，认真培育创新型企业和知识产权密集型企业，鼓励领军企业牵头组建产学研深度融合的创新联合体，带动中小企业创新活动，持续强化企业创新主体地位。做实做强省级跨高校院所新型中试研发平台。实施高新区能力提升行动和高新技术企业倍增计划。建成投用高海拔宇宙线观测站、转化医学设施等国家重大科技基础设施。2021年，全省研发经费投入超1000亿元；入库科技型中小企业1.5万家，比上年增长20.5%；高新技术企业突破1万家，营业收入达2.1万亿元。同时，不断完善科研人员、大学生、返乡农民工等群体创新创业服务体系，推动大众创业万众创新蓬勃开展，开展实施"天府科创贷"试点。科技创新对经济增长提供了有力支撑。

在重大核心技术领域，实施集成电路与新型显示、钒钛稀土、智能装备、生物育种等重大科技专项建设；加强太赫兹通信技术、存储技术、光电技术、量子互联网、激光技术等领域引领性前沿技术攻关；实施基础研究十年行动计划，设立省自然科学基金，支持企业与科研院所、高校共同承担国家重大科技项目，力图加快关键核心技术的攻关突破。同时，开展科研项目"揭榜制"、科研经费"包干制"和科技成果评价综合试点。实施100项科技成果转移转化示范项目，促进创新链产业链深度融合。2021年，组织实施关键核心技术攻关和产业链供应链补短板项目55个，16项先进技术成果获国家立项支持。医用同位素堆落地建设，国家科技创新汇智平台获批运行，科技协同攻关和要素保障体系也得到逐步完善。

除了做好民用科创工作，还积极开展军地需求对接、规划联动、人才互派，聚焦重点领域、重大装备、重大科技基础设施，强化科技协同创新，加快国防科技成果转移转化。积极推动国防工业科技成果区域转化中心在川落地，加快构建核能与核技术应用、航空整机与发动机、军事电子信息、航天及卫星应用、高端材料等产业集群，加快建设高技术产业基地。加快建设科技创新汇智平台，深化低空空域协同管理改革试点，发展通用航空产业。探索"军民商"卫星数据资源整合利用，实施高分、北斗卫星应用示范，组建四川卫星资源中心。深化与央属军工集团合作，建设重大协同创新平台和产业集群。

根据全国两会"贯彻新发展理念,助推区域经济高质量发展"的要求,依据四川省委十二届二次全会的下一步工作部署,加快产业技术创新和成果转化。实施钒钛稀土、智能装备、轨道交通、绿色低碳优势产业、航空与燃机等重大科技专项。加快建设川藏铁路、精准医学、高端航空装备、超高清视频等国家级产业技术创新平台。持续开展大院大所"聚源兴川"行动,实施100项科技成果转化示范项目,新建一批高水平新型研发机构、创新联合体、中试熟化平台。支持青藏高原气象研究院建设。强化企业创新主体地位,力争全省高新技术企业达到1.5万家,入库科技型中小企业2万家,新增瞪羚企业50家。实施基础研究十年行动。深化核能与核技术应用、航空整机与发动机等战略新兴领域军民协同创新。实施专利转化专项行动,探索创建知识产权金融生态示范区。深化天府科技云服务,加强科学普及,培育创新文化,弘扬科学家精神。通过以上举措,加强关键核心技术攻关和成果转化,培育建强科技创新主体,加快建设具有全国影响力的科技创新中心。

(三) 深入实施人才强国战略

人是教育的出发点,是科技创新的主体、人才战略的根基。培养造就大批德才兼备的高素质人才,是国家和民族长远发展大计。党的二十大指出,我们要深入实施人才强国战略,坚持尊重劳动、尊重知识、尊重人才、尊重创造,完善人才战略布局,加快建设世界重要人才中心和创新高地,着力形成人才国际竞争的比较优势,把各方面优秀人才集聚到党和人民事业中来。必须坚持为党育人、为国育才,全面提高人才自主培养质量,着力造就拔尖创新人才,聚天下英才而用之。

四川充分发挥大院大所大学优势,高起点建设成渝综合性科学中心,积极争创国家实验室,大力推进国家实验室四川基地建设,聚焦电子信息、生命科学、生态环境等领域,高水平打造西部(成都)科学城、天府兴隆湖实验室、天府永兴实验室，布局建设省级国防科技重点实验室，高效率推动中国（绵阳）科技城突破性发展。同时，还在持续加快建设锦屏深地实验设施和中科院成都科学中心、稻城天文科技集群项目。成德绵国家科技成果转移转化示范区、成都国家新一代人工智能创新发展试验区也在加快建设步伐。在科研实力雄厚、产业竞争优势明显的重点领域整合资源、创新机制，努力加快创新载体建设。加快建立以市场为导向、产学研深度融合的创新联合体，积极争取国家有关部委支持，完成国家级精准医学产业创新中心、高端航空装备技术创新中心、工业云制造创新中心创建工作。加快国家川藏铁路技术创新中心、民航科技创新示范区、同位素及药物国家工程研究中心建设。推动科技企业孵化器、众创空间等孵化载体提档升级，新建一批双创示范基地。通过积极搭建优质创新平台的方式集聚了一大批战略科技人才、一流科技领军人才和创新团队。

同时，不断加快人才制度体系的高质量建设，创新人才自主培养能力显著提升。2022年，四川省高等教育进入普及化新阶段，毛入学率达到54%，高校增加25所，增量居全国第1位，"双一流"建设高校达到8所。职业院校发展到564所，每年向社会培养输送30万左右技术技能人才。不断强化农村人才支撑，深入推进科技特派员制度，深化家庭农场主和农民专业合作社带头人职业化试点，鼓励各类人才在广阔农村大显身手。同时，实施天府英才、高端引智等人才引育计划，遴选支持一批科学家和领军人才，促进科技、产业、金融良性循环。

下一步，四川将聚力继续打造创新人才集聚高地。落实国家实验室专项支持政策，争取更多国家战略科技力量布局四川，支持全国重点实验室在川优化重组，谋划建设第二批天府实验室。加快建设高能级科技创新平台，加快建设重大科技基础设施，推动中国地震科学实验场等大科学装置开工，加快打造稻城天文观测设施集群。在天府新区兴隆湖周边100平方公里集中布局建设成渝（兴隆湖）综合性科学中心，按照"一核四区"格局打造西部（成都）科学城，支持中国（绵阳）科技城建设国家科技创新先行区。继续深入推进创新驱动发展，强化重大创新平台建设，为人才提供国际一流的创新平台，加快形成战略支点和雁阵格局。同时，深入实施天府峨眉、天府青城等重大人才计划，实施战略科学家和院士后备人才培养专项，优化外籍高层次人才服务管理政策措施，引进培养一批战略科学家、一流科技领军人才、青年科技人才和创新团队。紧扣重点领域、重大工程加快培养急需紧缺高技能人才，培养造就更多卓越工程师、天府工匠。

四川将继续推进教育蓄势、科技赋能、人才强基，充分汇聚教育、科技、人才的强大合力，为推进各项事业高质量发展筑牢根基。四川将坚决贯彻省委十二届二次全会精神，担当服务国家高水平科技自立自强的时代使命，发挥院所高校众多、科教人才资源富集优势，打造科技力量建设重要支撑地，不断开创四川全面建设社会主义现代化新局面。

结　语

本书结合马克思主义理论和习近平总书记的重要论述，阐释了《中共中央关于党的百年奋斗重大成就和历史经验的决议》所提出的"明确必须坚持和完善社会主义基本经济制度，使市场在资源配置中起决定性作用，更好发挥政府作用，把握新发展阶段，贯彻创新、协调、绿色、开放、共享的新发展理念，加快构建以国内大循环为主体、国内国际双循环相互促进的新发展格局，推动高质量发展，统筹发展和安全"的主线逻辑和中心思想，并基于此总结和梳理了经济高质量发展的四川实践。

具体而言，第一，从理论上对为什么要坚持和完善社会主义基本经济制度进行阐述，全面解读坚持和完善社会主义基本经济制度的理论逻辑；第二，刻画社会主义基本经济制度的历史演进逻辑，揭示我国市场和政府关系不断完善和优化的过程；第三，对新时代坚持和完善社会主义基本经济制度的要求——高质量发展的具体部署进行论述；第四，对新发展阶段如何坚持和完善社会主义基本经济制度进行解读、阐释贯彻新发展理念的根本要求、融入新发展格局的路径选择；第五，落脚到坚持和完善社会主义基本经济制度、推动经济高质量发展的四川实践，从落实国家政策和习近平总书记对四川工作指示、治蜀兴川的成就与经验、融入国家重大发展战略等方面进行了总结。

未来，我们还将针对"全面把握社会主义基本经济制度""准确认识社会主义基本经济制度的历史演进""推动高质量发展是新时代坚持和完善社会主义基本经济制度的改革指向""新时代坚持和完善社会主义基本经济制度必须把握新发展阶段，贯彻新发展理念，构建新发展格局""坚持和完善社会主义基本经济制度、推动经济高质量发展的四川实践"这五个方面，从理论、实践等各个角度不断深入追踪研究，深刻领悟习近平新时代中国特色社会主义思想的内涵及党的二十大精神，为不断坚持与完善社会主义基本经济制度，推动四川经济高质量发展而努力。

后　记

　　党的十九届四中全会审议通过的《中共中央关于坚持和完善中国特色社会主义制度、推进国家治理体系和治理能力现代化若干重大问题的决定》指出，公有制为主体、多种所有制经济共同发展，按劳分配为主体、多种分配方式并存，社会主义市场经济体制等社会主义基本经济制度，既体现了社会主义制度优越性，又同我国社会主义初级阶段社会生产力发展水平相适应，是党和人民的伟大创造。社会主义基本经济制度从以往的单一制度进一步扩展为制度体系，不仅包括以公有制为主体、多种所有制经济共同发展的所有制制度，还包括按劳分配为主体、多种分配方式并存的分配制度和社会主义市场经济体制。这一社会主义基本经济制度框架，标志着我国社会主义经济制度更加成熟、更加稳固。新中国成立70多年来经济建设正反两方面的经验证明，只要坚持社会主义基本经济制度，国民经济就会健康顺利快速发展，而背离社会主义基本经济制度，国民经济就会遇到挫折，生产力发展就会遭到破坏。因此，新时代推进经济高质量发展，必须坚持社会主义基本经济制度不动摇。中国特色社会主义新时代具有了新的特征和新的发展要求，但并没有改变我国仍处于并将长期处于社会主义初级阶段的基本国情，没有改变我国是世界上最大发展中国家的国际地位。新时代社会主义基本经济制度的内涵进一步拓展和完善，这对于解放和发展社会生产力，推动经济高质量发展具有重要意义。

　　本书在成书的过程中得到了四川省委、省政府相关部门领导和专家的大力支持，特此表示诚挚的感谢和敬意！本书的编者构成如下：

田世野编写第一章，徐灿琳编写第二章，肖婧文编写第三章，蒋莉蘋编写第五章，冯梦黎编写第四章、前言、结语和后记以及负责全书的统稿工作。感谢各位的辛勤付出！最后，要特别感谢国家行政学院出版社各位老师的辛苦工作，使得本书能够顺利出版。

　　囿于多重因素，尤其是编者的水平有限，难免出现个别纰漏或不足，不妥不当之处，敬请读者批评和指正。

作者于蓉城

2023 年 3 月